新能源汽车概论（全彩版）

INTRODUCTION TO NEW ENERGY VEHICLES

东莞市凌泰教学设备有限公司 组织编写

杜慧起 马林旭 主编

尤扬 张胜龙 胡杨城 陈立新 副主编

北京理工大学出版社
BEIJING INSTITUTE OF TECHNOLOGY PRESS

版权专有　侵权必究

图书在版编目（CIP）数据

新能源汽车概论：全彩版/东莞市凌泰教学设备有限公司组织编写；杜慧起，马林旭主编．—北京：北京理工大学出版社，2020.6
　　ISBN 978-7-5682-8555-1

Ⅰ．①新…　Ⅱ．①东…②杜…③马…　Ⅲ．①新能源—汽车—概论　Ⅳ．① U469.7

中国版本图书馆 CIP 数据核字（2020）第 096200 号

出版发行 / 北京理工大学出版社有限责任公司	
社　　址 / 北京市海淀区中关村南大街 5 号	
邮　　编 / 100081	
电　　话 /（010）68914775（总编室）	
（010）82562903（教材售后服务热线）	
（010）68948351（其他图书服务热线）	
网　　址 / http://www.bitpress.com.cn	
经　　销 / 全国各地新华书店	
印　　刷 / 雅迪云印（天津）科技有限公司	
开　　本 / 787 毫米 × 1092 毫米　1/16	
印　　张 / 12.5	责任编辑 / 时京京
字　　数 / 250 千字	文案编辑 / 时京京
版　　次 / 2020 年 6 月第 1 版　2020 年 6 月第 1 次印刷	责任校对 / 周瑞红
定　　价 / 98.00 元	责任印制 / 李志强

图书出现印装质量问题，请拨打售后服务热线，本社负责调换

Contents 目录

第 1 章 绪论 /001

1.1 汽车能源的发展历程 002
- 1.1.1 蒸汽汽车 002
- 1.1.2 早期的电动汽车 004
- 1.1.3 内燃机车 005
- 1.1.4 现代电动汽车 007

1.2 新能源汽车概述 012
- 1.2.1 新能源汽车的概念与分类 012
- 1.2.2 新能源汽车的发展背景 014
- 1.2.3 新能源汽车的发展现状 015

第 2 章 新能源汽车动力电池及管理系统 /019

2.1 新能源汽车动力电池基础 020
- 2.1.1 概述 020
- 2.1.2 动力电池基本性能 021
- 2.1.3 新能源汽车对动力电池的要求 023

2.2 铅酸蓄电池与镍氢电池 025
- 2.2.1 铅酸蓄电池 025
- 2.2.2 镍氢电池 026

2.3 锂离子动力电池 028
- 2.3.1 锂离子动力电池的结构与原理 028
- 2.3.2 锂离子动力电池的特点 029
- 2.3.3 锂离子动力电池的应用 030
- 2.3.4 锂离子动力电池特殊形式 031

2.4 动力电池管理系统 035
- 2.4.1 动力电池管理系统概述 035
- 2.4.2 电池管理系统的功能 036

第 3 章

新能源汽车驱动电机及控制系统 /043

3.1	驱动电机简介	044
3.1.1	驱动电机发展史	044
3.1.2	电机的基本概念	044
3.1.3	驱动电机类型	046
3.2	直流电机	050
3.2.1	直流电机概述	050
3.2.2	直流电机基本原理	051
3.3	三相交流异步电机	052
3.3.1	三相交流异步电机的分类	052
3.3.2	三相交流异步电机的结构	052
3.3.3	三相交流异步电机的特点	055
3.3.4	三相交流异步电机的工作原理	055
3.4	永磁同步电机	056
3.4.1	永磁同步电机概述	056
3.4.2	永磁同步电机应用	057
3.5	开关磁阻电机	059
3.5.1	开关磁阻电机结构与特点	059
3.5.2	开关磁阻电机工作原理	060

第 4 章

纯电动汽车 /063

4.1	纯电动汽车概述	064
4.1.1	纯电动汽车特点	064
4.1.2	纯电动汽车类型	065
4.1.3	增程式电动汽车	066
4.2	纯电动汽车基本结构与工作原理	069
4.2.1	纯电动汽车电力驱动控制系统组成及功能	069
4.2.2	纯电动汽车结构特点与工作原理	074
4.2.3	增程式电动汽车结构与工作原理	077
4.2.4	纯电动汽车车型实例	080

第 5 章
插电式混合动力汽车 /093

5.1 混合动力汽车类型 096
5.1.1 串联式混合动力汽车 096
5.1.2 并联式混合动力汽车 097
5.1.3 混联式混合动力汽车 098

5.2 插电式混合动力汽车 101
5.2.1 插电式混合动力汽车结构与原理 101
5.2.2 插电式混合动力汽车类型 103
5.2.3 插电式混合动力汽车车型实例 105

5.3 增程式混合动力汽车 121
5.3.1 增程式混合动力汽车组成 121
5.3.2 增程式混合动力汽车特点 123
5.3.3 增程式混合动力汽车结构与原理 125
5.3.4 增程式混合动力汽车车型实例 129

第 6 章
燃料电池电动汽车 /137

6.1 燃料电池电动汽车类型与结构原理 139
6.1.1 PFC 型燃料电池电动汽车 139
6.1.2 FC+B 型燃料电池电动汽车 140
6.1.3 F+C 型燃料电池电动汽车 140
6.1.4 FC+B+C 型燃料电池电动汽车 141

6.2 质子交换膜燃料电池 143
6.2.1 质子交换膜燃料电池基本结构 143
6.2.2 质子交换膜燃料电池工作原理 145
6.2.3 质子交换膜燃料电池的特点 146
6.2.4 质子交换膜燃料电池系统 147
6.2.5 质子交换膜燃料电池的工作特性及影响因素 149

6.3 丰田 Mirai 燃料电池电动汽车结构 152

第 7 章
其他清洁能源汽车 /155

7.1 气体燃料汽车 156
  7.1.1 天然气汽车 156
  7.1.2 液化石油气汽车 165

7.2 生物燃料汽车 168
  7.2.1 甲醇燃料 168
  7.2.2 乙醇燃料 169
  7.2.3 甲醇燃料汽车示范推广存在的问题 170
  7.2.4 乙醇燃料汽车推广存在的问题 171

7.3 太阳能汽车和压缩空气动力汽车 172
  7.3.1 太阳能汽车 172
  7.3.2 压缩空气动力汽车 174

第 8 章
新能源汽车智能网联系统 /177

8.1 网联系统在汽车上的应用 178
8.2 网联系统作用 181

第 9 章
新能源汽车的商业模式及服务体系 /183

9.1 我国新能源汽车商业模式 184
9.2 各种电动汽车的发展前景分析 187

参考文献 /193

第 1 章 绪论

【学习目标】

1. 了解汽车和汽车能源的发展历程
2. 了解新能源汽车的概念与分类
3. 了解新能源汽车的发展背景与现状

【导语】

近年来，随着自然环境压力的增大和化石能源的日益匮乏，各个国家与各国汽车生产厂商都开始注重新能源汽车技术的发展。2019年上半年，我国新能源汽车产、销量分别为61.4万辆和61.7万辆，同比分别增长48.5%和49.6%。其中纯电动汽车产、销量分别为49.3万辆和49.0万辆，同比分别增长57.3%和56.6%；插电式混合动力汽车产、销量分别为11.9万辆和12.6万辆，同比分别增长19.7%和26.4%；燃料电池汽车产销分别为1 170辆和1 102辆，同比分别增长7.2倍和7.8倍。目前市场上的日系、美系和德系车仍是主流。

通过本章有目标的学习，了解新能源汽车的发展历史，掌握新能源汽车的分类与定义，熟悉国内外新能源汽车的发展背景和现状，了解我国对新能源汽车开放的政策。

1.1 汽车能源的发展历程

1.1.1 蒸汽汽车

蒸汽机的出现,将人或动物做功方式改变为机械做功,引起了第一次工业革命。蒸汽机是将蒸汽的能量转换为机械功的往复式动力机械。

古希腊数学家亚历山大港的希罗(Hero of Alexandria)于公元1世纪发明汽转球(Aeolipile),这是蒸汽机的雏形。纽科门及其助手卡利在1705年发明了大气式蒸汽机,用以驱动独立的提水泵,被称为纽科门大气式蒸汽机。

瓦特运用科学理论,逐渐发现了这种蒸汽机的问题所在。从1765年到1790年,他进行了一系列发明,比如分离式冷凝器、汽缸外设置绝热层、用油润滑活塞、行星式齿轮、平行运动连杆机构、离心式调速器、节气阀、压力计等,使蒸汽机的效率提高到原来纽科门机的3倍多,最终发明出工业用蒸汽机。蒸汽机曾推动了机械工业甚至社会的发展,并为汽轮机和内燃机的发展奠定了基础。

1769年,法国人N.J.居纽制造了世界上第一辆蒸汽驱动的三轮汽车,如图1-1-1所示。这辆汽车被命名为"卡布奥雷",车长7.32 m,车高2.2 m,车架上放置着一个像梨一样的大锅炉,如图1-1-1所示。卡布奥雷前轮直径1.28 m,后轮直径1.50 m,前进时靠前轮控制方向,每前进12~15 min需停车加热15 min,运行速度3.5~3.9 km/h。1801年,理查德·特里维西克制造了"伦敦蒸汽马车",它是最早的蒸汽载人车辆之一,也是真正第一辆投入市场的蒸汽机车辆,能乘坐6人,最高时速27 km/h。到1804年,脱威迪克(Trouithick)又设计并制造了一辆蒸汽汽车,这辆汽车拉着十吨重的货物在铁路上行驶了15.7 km。

图1-1-1 第一辆蒸汽驱动的三轮汽车

第一款获得较大商业成功的蒸汽车辆，是美国机车公司在 1899 年基于蒸汽汽车专家史坦利兄弟的专利生产的小敞篷车，这辆车采用两缸发动机加蒸锅炉的设计。售价 600 美元，4 年销售了 4 000 辆。Stanley Rocket（史坦利火箭）是蒸汽汽车巅峰时代的代表之一。这辆赛车在 1906 年美国 Ormond 海滩的测试中以 205.44 km/h 的成绩超过当时的火车速度纪录，并打破汽车陆地速度纪录，也让史坦利蒸汽在美国变得家喻户晓。

　　1898 年，著名的怀特蒸汽车公司成立。1907 年，为了方便使用和安全的考虑，美国特勤局借用美国军方的两台 White 品牌 G 型蒸汽汽车为总统服务，这也是美国历史上使用美国政府专用车的第一位总统。不过在那个时代，马车仍然是总统主要的出行工具。G 型蒸汽汽车也成为最早的总统座驾。1911 年，怀特蒸汽的 M 型车又被继任的塔夫特总统选为四辆总统专车之一（另外三辆中 1 辆是 Baker Electric 的电动汽车，另两辆是 Pierce Arrow 公司的内燃机汽车）。

　　1825 年，英国人哥尔斯瓦底·嘉内制造了一辆蒸汽公共汽车，有 18 座，车速为 19 km/h，开始了世界上最早的公共汽车运营。1834 年，世界上最早的公共汽车运输公司——苏格兰蒸汽汽车运输公司成立了。当时英国爱丁堡市内营运的蒸汽公共汽车（如图 1-1-2 所示）前面坐着驾驶员，中部可容纳 20~30 名乘客，锅炉位于后部，配一名司炉员，蒸汽机气缸位于后轴的前方地板下，以驱动后轮使车前进。然而，这些车少则重 3~4 吨，多则 10 吨，体积大，速度慢，常常撞坏未经铺设的路面，引起各种事故。1865 年英国议会通过了一部《机动车法案》，后被人嘲笑为《红旗法案》。其中规定：每一辆在道路上行驶的机动车，必须由 3 个人驾驶，其中一人必须在车前面 50 米以外做引导，还要用红旗不断摇动为机动车开道，并且速度不能超过每小时 4 英里[①]。这部法案直接导致一个结果：让汽车等于马车，也扼杀了英国在当年成为汽车大国的机会，随后，汽车工业在美国迅速崛起。1895 年，整整耽搁 30 年后，《红旗法案》被废除。

图 1-1-2　蒸汽公共汽车

　　蒸汽汽车最后的辉煌是由美国的 Doble 兄弟创造的。他们从 1906 年开始涉足蒸汽动

---

① 1 英里 =1.609 344 千米。

力汽车设计，1914年成立了Doble Steam汽车制造公司。Doble兄弟解决了蒸汽机两个最致命的缺陷。第一个问题是加水。旧有的蒸汽汽车，开不了几十千米就得加水，Doble兄弟发明了蒸汽冷凝器，极大地减少了水的消耗，车辆行驶2 400 km才需要加水。第二个问题是起动难。蒸汽汽车要先把锅炉加热到工作温度，需要很长的时间，虽然有了闪蒸炉，可相对于电动汽车和内燃机汽车，起动时间还是偏久。Doble兄弟通过一些新的设计，使用点火线圈点火的方式，极大地缩短了起动时间。他们在1922年制造出了E型蒸汽动力车，即使在寒冷气候下，发动机也只要30 s内就可以起动。虽然车重达到了2 268 kg，最高车速达140 km/h，煤油消耗量却只有18.8 L/100 km，这些技术指标已经接近现代大型SUV的水平。不过Doble兄弟的蒸汽汽车最终却倒在了制造成本上。每辆E型车的底盘制造成本高达9 500美元（和一辆顶级豪华轿车相当），同时期的福特T形内燃机汽车，售价只需要500美元。因此，Doble兄弟的E型蒸汽汽车只生产了25辆。随后，Doble兄弟又改进了发动机锅炉水泵，设计出了F型车，这个蒸汽汽车历史上的绝唱可以说是20世纪20年代的顶尖奢侈品，各项数据完爆同时代的其他车型。由于管理不善和1929年席卷全球的经济危机爆发，Doble兄弟的Doble Steam汽车制造公司倒闭，最后生产的几辆F形车流落在世界各地成为收藏品。

在一个世纪左右的短暂时间里，蒸汽汽车不但开拓了人们使用汽车的历史，也留下了很多经典的车型和精彩的记录，由最初笨重而缓慢、行驶时发出巨大噪声和异味，发展到辉煌时期行驶安静，加速快捷，操作简便。但是由于蒸汽机的天然短板，使得这位重量级选手只能被不断发展的内燃机汽车淘汰。

1.1.2　早期的电动汽车

1820年丹麦物理学家、化学家汉斯·克里斯蒂安·奥斯特发现了电流的磁效应，由此开辟了物理学的新领域——电磁学。1831年10月17日，法拉第首次发现电磁感应现象，并进而得到产生交流电的方法，使电力交通成为可能。1831年10月28日法拉第发明了圆盘发电机，是人类创造出的第一个发电机，如图1-1-3所示。

图1-1-3　圆盘发电机

1834年苏格兰人德文博特（T.Davenport）制造了一辆电动三轮车，比1885年的德国人卡尔·本茨（Karl Benz）发明的汽油机驱动汽车早了近半个世纪。当时这部车采用的能源是不可充电的简单玻璃封装电池。1873年，英国人罗伯特·戴维斯（Robert Davidsson）制作了世界上最初的可供试用的电动汽车。1881年，法国人特鲁夫（G.Trouve）将直流电机和可充电的电池用于私人车辆，具有里程碑意义。1899年4月29日，比利时人卡米勒·热纳茨（Camille Jenatzy）驾驶着一辆名为La Jamais Contente（中文意"永不满意"）炮弹外形的电动车以105.88 km/h的速度刷新了由汽车动力发动机保持的世界汽车最高车速的记录，这也是汽车速度第一次突破100 km/h的大关，并且保持着这个记录进入了20世纪。到1912年，美国有34 000辆电动汽车注册。贝克电气公司（Baker）是美国最重要的电动汽车制造商。底特律电气公司（Detroit Electric）生产的电动汽车，最高时速可达40 km/h，续驶里程可达129 km。1901—1920年，英国伦敦电动汽车公司生产了后轮轮毂电机式、后轮驱动、四轮转向和装备充气轮胎的电动汽车。1916年8月，世界上第一辆油电混合动力汽车问世。这款车跟现代汽车的外形结构很接近，使用操纵杆代替踏板来控制加速踏板。随着科学技术的发展，包括高速内燃机、汽车电起动等内燃机汽车关键技术的相继出现，以及由于经济的发展对长途客货运输的需求，电动汽车续驶里程短、充电时间长等缺陷更加明显。1913年，福特公司开发了T形内燃机汽车，并在汽车发展史上首次实现了标准化大批量生产，使其价格从1909年的850美元降到了1925年的260美元。批量化生产的内燃机汽车彻底结束了电动汽车的生命。到20世纪30年代，电动汽车几乎消失了。

1.1.3 内燃机车

内燃机车的发展离不开混合燃气和内燃机的发明。1794年，英国人斯垂特首次提出了把燃料和空气混合形成可燃混合气以供燃烧的设想。1801年，法国人勒本提出了煤气机的原理。1859年，法国的勒努瓦用煤气和空气混合气取代往复式蒸汽机的蒸汽，通过电火花点火爆发燃烧，制成二冲程煤气内燃机，法国和英国都制造了一小批。1861年，法国的德·罗夏提出了进气、压缩、做功、排气等容燃烧的四冲程内燃机工作循环方式，于1862年1月16日被法国当局授予了专利。1866年，德国工程师尼古拉斯·奥托成功地试制出动力史上具有划时代意义的立式四冲程内燃机。1876年，又试制出第一台实用的活塞式四冲程煤气内燃机。这台单缸卧式功率为2.9 kW的煤气机，压缩比为2.5，转速为250 r/min。这台内燃机被称为奥托内燃机且闻名于世。奥托于1877年8月4日获得专利。后来，人们一直将四冲程循环称为奥托循环。奥托以内燃机奠基人载入史册，其发明为汽车的发明奠定了基础。曾和奥托共过事的德国人G.戴姆勒发明了燃烧炼制灯用煤油副产品的汽油蒸气内燃机，1883年取得专利，其于1885年把这种内燃机装在了木制自行车上，翌年又装到了四轮马车上。同年，德国的本茨把汽油内燃机装上了三轮车（如图1-1-4所示），这些自行推进的车辆，被后人称作是汽车和摩托车的初始。本茨和戴姆勒发明的都是汽油机，当时的人们在尝试用汽油作为燃料的同时，也尝试用其他燃油作为燃料。

图 1-1-4　本茨发明的汽车

1897 年，德国人鲁道夫·狄塞尔成功地试制出了第一台柴油机，柴油机从设想变为现实经历了 20 年的时间。柴油机是动力工程方面的又一项伟大发明，它的出现不仅为柴油找到了用武之地，而且它比汽油省油、动力大、污染小，是汽车又一颗良好的"心脏"。鲁道夫·狄塞尔的发明改变了整个世界，人们为了纪念他，就把柴油机称作狄塞尔柴油机。

在 1924 年，德国人汪克尔在海德堡建立了自己的公司，而且他花了大量的时间在那里进行转子发动机的研制。1927 年，诸如气密性和润滑等的一系列技术问题的攻克终于有了眉目。1960 年年初在德国生产出第一辆装配了转子发动机的小跑车。当时业内人士认为这种发动机的结构紧凑轻巧，运转宁静畅顺，也许会取替传统的活塞式发动机。1960 年德国生产的转子发动机如图 1-1-5 所示。

图 1-1-5　转子发动机

一向对新技术情有独钟的马自达公司投巨资从汪克尔公司买下了这项技术。由于这是一项高新技术，懂得这项技术的人寥寥无几，发动机坏了无人会修，而且耗油大，汽车界有人对这种发动机的市场前景产生了怀疑。20世纪70年代石油危机爆发，各国忙于应付各方面的困难而无暇顾及发展转子发动机，唯有马自达公司仍然深信转子发动机的潜力，独自研究和生产转子发动机，并为此付出了相当大的代价。他们逐步克服了转子发动机的缺陷，成功地由试验性生产过渡到商业性生产，并将安装了转子发动机的RX-7型跑车打入了美国市场，令人刮目相看。

由于从生产装配到维护修理，转子发动机都与传统的发动机大不一样，开发成本大。再加上往复式活塞发动机在功率、重量、排放、能耗等方面都比过去有了显著提高，转子发动机没有显出明显的优势。因此，各大汽车企业都没有积极性去开发利用，唯有马自达一家苦苦支撑。

1.1.4 现代电动汽车

1990年洛杉矶车展，通用汽车公司展示了一款名叫Impact的电动概念车。Impact的重量仅有998 kg，其中仅蓄电池就占了382 kg。该车从静止状态加速到96 km/h只需7.9 s，在高速公路上以88 km/h的速度可行驶200 km。Impact被认为是现代汽车工业史上的第一辆全电动汽车。1996年通用汽车公司制造并开始销售EV1电动汽车。这是以现代化批量生产的方式推出的第一款电动汽车。每次充电后最大续驶里程的理论值可以到144 km左右，最高行驶速度为128 km/h，并且当年的EV1电动汽车已经具有制动能量回收系统，其超低的风阻系数（0.19）为该车进一步提高了续驶里程。

普锐斯是日本丰田汽车于1997年推出的世界上第一个大规模生产的混合动力汽车，随后在2001年销往全世界40多个国家和地区。

自普锐斯之后，世界各大汽车公司和新生企业又重新拉开了新能源汽车研发的大幕，菲斯科Karma、日产Denki Cube、雪佛兰Volt和特斯拉Roadster等车型纷纷加入新能源汽车行列。这些汽车都采用最新的锂离子电池技术，把新能源汽车的性能与活动范围都带到一个新的境界，并且已经逐渐被普通家庭用户接受，并且购买使用。新能源汽车又重新登上汽车世界的舞台中心。

1. 国外现代电动汽车

（1）美国现代电动汽车

2011年，由特斯拉汽车公司（Tesla）制造的全尺寸、高性能纯电动轿车特斯拉Model S正式进入量产阶段，在2013年度全球销量达到22 300辆的规模。Model S采用汽车级锂离子电池技术，充电全部采用标准化设计。如果使用大电流200 V插座，Model S充1 h电续驶里程可达110 km。该车的电池组由8 000个电池单元组成，续驶里程可达到483 km。

Tesla 大量使用铝合金制造车身组件，将整备质量减小到 1 735 kg，风阻系数仅为 0.27。它从静止加速到 96 km/h 耗时 5.6 s，极速为 193 km/h。特斯拉 Model S 如图 1-1-6 所示。

图 1-1-6　特斯拉 Model S

（2）德国电动汽车

2008 年 11 月 19 日，宝马汽车公司发布纯电动汽车 MINIE。MINIE 采用锂离子动力电池，续驶里程超过 240 km，最高车速为 152 km/h，从静止加速到 100 km/h 的时间为 8.5 s。MINIE 已经完成了量产车型产品研发，并通过了多项碰撞测试。

宝马电动汽车 i3 车型于 2014 年 9 月在国内正式上市，提供纯电动和混动车型。充电方面，使用家庭 220 V 电源充电，需要 8 h 充满，而在宝马专用充电装置下充电，只需 1 h，充满电后可行驶 130~160 km。宝马 i3 如图 1-1-7 所示。

图 1-1-7　宝马 i3

（3）日本电动汽车

日本在混合动力电动汽车技术领域领先世界。以丰田普锐斯（如图 1-1-8 所示）为代表的日本混合动力电动汽车，在世界低污染汽车开发销售领域已经占据了领头地位。丰田汽车公司宣布，从 1997 年全球首款量产的混合动力电动汽车普锐斯推出以来，截至 2017 年 1 月底，丰田在全球的混合动力电动汽车的累计销量已达到 1 004.9 万辆。同时，日本还快速发展燃料电池汽车技术，丰田汽车公司已成为当今世界燃料电池汽车市场上的重要企业。除丰田外，其他日本汽车企业也在开发新一代的新能源动力电动汽车，如本田 Insight IMG 混合动力电动汽车、日产 Leaf 和三菱 i-MiEV 纯电动汽车等。

图 1-1-8　丰田普锐斯

2009 年，三菱汽车公司开始在日本销售纯电动汽车 iMiEV，并逐步出口至美国和欧洲。据三菱测算，如果使用较便宜的夜间时段电力给电动汽车充电，其使用成本不到同等燃油汽车的 1/10。该车采用了高能量密度锂离子电池，电池组的能量可保证 iMiEV 一次充电连续行驶 160 km。iMiEV 提供了快速充电和家用充电两种模式：快充模式可在 30 min 之内为 iMiEV 充入 80% 的电量，普通充电模式下充满 iMiEV 的所有电池大约需要 7 h。

2. 国内电动汽车

（1）比亚迪

创立于 1995 年的比亚迪，总部位于深圳。发展至 2003 年，比亚迪成长为全球第二大充电电池生产商，同年收购了秦川汽车组建比亚迪汽车。短短一年内，比亚迪汽车的产品线由原来单一的"福莱尔"微型轿车，迅速扩充为包括 A 级燃油车、C 级燃油轿车、锂离子电动汽车、混合动力汽车在内的全线产品。

比亚迪汽车遵循自主研发、自主生产、自主品牌的发展路线，矢志打造真正物美价廉的国民用车，产品的设计既汲取国际潮流的先进理念，又符合中国文化的审美观念。凭借着比亚迪在电池领域的积累，电动汽车成为其在汽车领域发展的极大优势。比亚迪近些年在新能源车领域取得的成绩是显而易见的，新能源私人乘用车销量名列前茅，电动大巴等又远销欧美市场。比亚迪元 EV360 如图 1-1-9 所示。

图 1-1-9　比亚迪元 EV360

（2）北汽新能源

北京新能源汽车股份有限公司（简称北汽）成立于 2009 年，是世界 500 强企业北汽集团旗下的新能源汽车公司，是国内纯电动乘用车产业规模最大、产业链最完整、市场销量最大、用户覆盖面最广、品牌影响力最大的企业。公司现已形成立足我国、辐射全球的产业布局，是国内首个获得新能源汽车生产资质、首家进行混合所有制改造、首批践行国有控股企业员工持股的新能源汽车企业，成为制造型企业转型升级与国有企业改革创新的典范。

北汽的主要产品包括 EU 系列、EX 系列、EC 系列及 EV 系列纯电动车、纯电动物流车等。

经过四年多的发展积累，北汽新能源已掌握整车系统集成与匹配、整车控制系统、电驱动系统三大关键核心技术，旗下 EU5、EX360、EC200、EC180、EU260、EX260、EV200（如图 1-1-10 所示）、EH300、物流车等多款产品已投入市场或示范运营。

图 1-1-10　北汽 EV200

（3）蔚来

蔚来是立足全球的初创品牌，已在圣何塞、慕尼黑、伦敦、上海等13地设立了研发、设计、生产和商务机构，汇聚了数千名世界顶级的汽车硬件、软件和用户体验的行业人才。如今互联网思维在不断挑战传统行业，掀起一轮又一轮的革新，汽车行业也一样。颇有噱头的"蔚来"也正是在这样的背景下用新思维掀起的造车运动，有很多人认为蔚来将是"中国的特斯拉"。

公司全称上海赛睿迪新能源汽车有限公司，总部位于上海安亭。蔚来将自己定义为从事高性能智能电动汽车研发的公司。它由顶尖互联网企业和企业家投资数亿美元创建，包括领先的互联网企业腾讯创始人马化腾、易车创始人李斌、汽车之家创始人李想、京东创始人刘强东及知名投资机构高瓴资本共同发起设立，致力于成为一家有中国背景、全球化、拥有国际化团队、具有全球竞争力的汽车公司。其天生自带的互联网性质，Formula E中的好成绩，让蔚来持续获得关注，目前也已经有了量产车型。蔚来ES8如图1-1-11所示。

图1-1-11　蔚来ES8

1.2 新能源汽车概述

1.2.1 新能源汽车的概念与分类

《节能与新能源汽车产业发展规划（2012—2020）》中提出，新能源汽车是指采用新型动力系统，完全或主要依靠新型能源驱动的汽车。新能源汽车主要包括纯电动汽车、插电式混合动力汽车及燃料电池电动汽车，如图1-2-1所示。

国家标准GB/T 19596—2017《电动汽车术语》将纯电动汽车（Battery Electric Vehicle，BEV）定义为驱动能量完全由电能提供的、由电机驱动的汽车。电机的驱动电能来源于车载可充电储能系统或其他能量储存装置。

（a）纯电动汽车

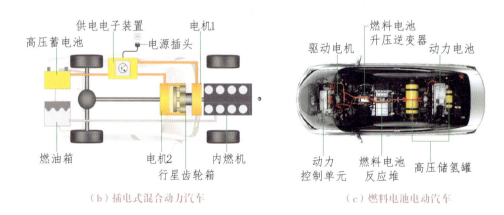

（b）插电式混合动力汽车　　　　　　（c）燃料电池电动汽车

图1-2-1　新能源汽车分类

1. 纯电动汽车

纯电动汽车是纯粹靠电能驱动的车辆，而不需要其他能量。它可以通过家用电源、专用充电桩或者特定的充电场所进行充电，以满足日常的行驶需求。

纯电动汽车是目前市场上销售的新能源汽车中使用成本最低的，由于其结构简单，周期性维护费用比普通汽车低很多，一般只需更换冷却液、齿轮油、制动片即可。同时，纯电动汽车的安静程度也比普通汽车要好很多，基本上无须刻意去加装任何隔音装备，而且电机具备低转速、高转矩的特点，使得其起动和加速性能也很好。

但是纯电动汽车有其自身的缺点。一是纯电动汽车的续驶里程普遍不高。目前，自主纯电动汽车的续驶里程普遍为 100~400 km，考虑到电能转化率和天气问题，其实际续驶里程将会更低。二是纯电动汽车充电时间比较长。

2. 插电式混合动力汽车

（1）混合动力汽车定义

广义的混合动力汽车有至少两种动力源，使用其中一种或多种动力源提供部分或全部动力的车辆。狭义的混合动力汽车指同时装备两种动力来源——热动力源（由传统的汽油机或者柴油机产生）与电动能源（电池与电机）的汽车。目前，混合动力汽车多采用传统的内燃机和电机两套系统驱动车辆，使用的内燃机既有柴油机又有汽油机。因此，可以使用传统汽油或者柴油，也有的发动机经过改造使用其他代替燃料，如压缩天然气、丙烷和乙醇燃料等。

（2）插电式混合动力汽车

插电式混合动力汽车是一种新型的混合动力汽车，指可以使用外接电源为车辆动力电池充电的混合动力汽车。普通混合动力汽车的电池容量很小，仅在起/停、加/减速的时候供应/回收能量，不能外部充电，不能用纯电模式较长距离行驶。插电式混合动力汽车的动力电池相对比较大，可以外部充电，可以用纯电模式行驶，动力电池电量消耗到一定程度后再以混合动力模式（以内燃机为主）行驶，并适时向动力电池充电。

插电式混合动力汽车与混合动力汽车相比，优势在于纯电动模式续航能力更高，只要在纯电动模式的续驶里程之内，插电式混合动力汽车可以做到零排放。但插电式混合动力汽车技术更复杂，成本更高。

3. 燃料电池电动汽车

燃料电池电动汽车的动力系统主要是由燃料电池、燃料储蓄装置、驱动电机、动力电池等组成，采用燃料电池发电作为主要能源，通过电机驱动车辆。燃料电池是利用氧气和氢气在催化剂的作用下经电化学反应直接产生电能的。

1.2.2 新能源汽车的发展背景

1. 能源危机

目前，世界能源为化石能源，即煤矿、石油和天然气，传统汽车的燃料主要是由石油提炼出的汽油和柴油。目前我国原油的剩余储量约为 257 亿桶，折合仅约 37 亿吨，这并不意味着我国只有这么多原油，或者仅仅只能开采几十年。截至 2017 年年底，全球天然气探明储量为 193.5 万亿立方米，稍微增加了 0.4 万亿立方米（0.2%）。按照 2017 年产量水平，这足够满足世界 52.6 年的产量。以色列（0.3 万亿立方米）是储量增长最大的最主要贡献者，独联体国家也增加了 0.2 万亿立方米储量。中东地区拥有世界上最大的天然气探明储量（79.1 万亿立方米，40.9% 的全球储量），其次是独联体国家（59.2 万亿立方米，30.6% 的全球储量）。我国却是一个能源消费大国，从 2003 年到 2013 年期间，我国的石油消耗量仅次于美国，位居世界第二、亚洲第一，原油消费年均增长率超过 5%。据预测，我国原油进口量的增长比例将达到 10% 以上，成品油的进口量增长比例为 8% 左右，总的石油进口量增长比例达到年均 6%。根据国际能源机构预测，随着我国汽车保有量的增加，到 2030 年，我国石油消耗量的 80% 需要依靠进口。

2. 环境问题

传统燃油汽车在行驶过程中会产生大量的有害气体，不但污染环境，还影响人类健康。汽车尾气排放的主要污染物为一氧化碳（CO）、碳氢化合物（HC）、氮氧化物（NO）、铅（Pb）、细微颗粒物（PM）及硫化物等。这些一次污染物还会通过大气化学反应生成光化学烟雾、酸沉降等二次污染物。现今，许多大城市的空气污染已经超过健康许可标准，直接危害市民健康和生活环境。

工信部指出，2020 年中国汽车保有量超过 2 亿辆，由此带来的能源安全和环境问题更加突出。大力推进传统汽车节能减排和新能源汽车产业化，成为中国汽车产业亟须解决的重大课题。

石油能源的大量消耗会带来温室气体排放问题。二氧化碳是全球最重要的温室气体，是造成气候变化的主要原因，而它主要来自化石燃料的燃烧。据 IEA 估计，汽车二氧化碳总排放量将从 1990 年的 29 亿吨增加到 2020 年的 60 亿吨。汽车对地球环境造成了巨大影响。

为了减小汽车对全球气候变暖的影响，减少温室气体二氧化碳的排放，汽车应尽量采用小排量具有稀薄燃烧技术的发动机，最大限度地提高能源利用效率，从而减小汽车对全球气候变暖的影响。为了减少汽车二氧化碳的排放量，汽车二氧化碳排放法规开始实施。

3. 新能源汽车自身的优势

电动汽车全部或部分采用电力驱动，能源来源途径广；可以改善能源结构，解决汽车的能源替代问题,改善电网系统峰谷负荷平衡问题;可以实现低排放,甚至零排放行驶,具有良好的环境保护效果;行驶噪声小;排放的废热少,可有效减轻城市"热岛效应";实现了制动能量回收,结构简单,使用维护方便等。电动汽车不纯粹依赖于化石能源,故不受石油资源的限制,可利用核能、煤炭、水力、太阳能、风能和地热等一切可以用来转化为电能的能量,有效缓解了我国的石油能源安全问题。据有关专家对石油有效利用情况的分析,若利用上述类型的电能,电动汽车比燃油汽车节能70%左右,能源费用可节省50%左右。这对于我国这样一个人口众多、能源紧缺的国家是相当重要的。常见新能源如图1-2-2所示。

(a)太阳能

(b)风能

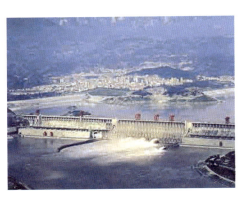
(c)水力发电

图1-2-2 常见新能源

1.2.3 新能源汽车的发展现状

1. 国外电动汽车发展现状

(1)美国

通用、福特和克莱斯勒曾是世界汽车市场的领导者,2008年国际金融危机发生以后,日系、欧系、韩系汽车在美国市场步步为营,再加上石油资源的压力和日益严格的环保要求，美国开始在新能源汽车领域发力。2007年1月，时任美国总统的小布什发表国情咨文，宣布了替代能源和节能政策，提出美国在未来10年内将汽油使用量降低20%，进口石油量削减3/4，鼓励以混合动力电动汽车为代表的其他新能源汽车的使用。

（2）日本

在日本，混合动力汽车已经进入普及阶段。据日本经济产业省统计，2013年，混合动力汽车的销量已经达到了100万辆；2015年，日本的混合动力汽车销量达到150万辆。日本政府在推广新能源汽车时支持力度大而且收效很大，其规划到2030年新能源汽车市场占有率达到50%～70%。

20世纪70年代，日本开始开发纯电动车，许多汽车企业都陆续进行了一些产品发布与销售运行，但坚持下来进行研发和销售的只有大发和铃木两家。到了20世纪90年代之后，由于环境等问题，一些大汽车企业重新开始研发第二代纯电动车。然而由于技术与价格等方面的原因，在新能源汽车研发战略中，更多的日本汽车企业选择了混合动力汽车作为重点发展方向，坚持纯电动汽车动力电池技术研发的重任落在三菱重工、富士重工等动力装备类企业。纯电动汽车的产品开发向小型化发展，单人和双人车型成为主力车型，车辆技术、零部件技术、充电设施技术都已相对成熟。

（3）德国

德国车企研发电动汽车的步伐相对滞后，但在电动汽车方面也做出了重要贡献。2004年宝马研发的H2R赛车搭载一台6.0LV12氢动力发动机，最高车速达到了300 km/h。2009年德国政府500亿欧元的经济刺激计划中，很大一部分用于电动汽车研发、汽车充电站网络建设和可再生能源开发。

2.国内电动汽车发展现状

2001年，电动汽车研究项目被列入国家"863"重大科技课题。2006—2007年，我国电动汽车产业取得了重大的发展，自主研制的纯电动、混合动力和燃料电池三类电动汽车整车产品相继问世。混合动力和纯电动客车实现了规模示范，纯电动汽车实现批量出口，燃料电池汽车研发进入世界先进行列。2008年电动汽车在国内已呈全面出击之势，北汽新能源、比亚迪、长安等汽车生产企业在各大国际车展上频频亮相，展出了自行研发的燃料电池汽车及混合动力汽车。

2009年1月财政部、科学技术部发出了《关于开展节能与新能源汽车示范推广工作试点工作的通知》，在北京、上海等13个城市开展节能与新能源汽车示范推广试点工作，并出台《节能与新能源汽车示范推广财政补助资金管理暂行办法》，乘用车和轻型商用车中，混合动力电动汽车按照节油率最高每辆车补贴5万元，纯电动汽车每辆可补贴6万元，燃料电池汽车每辆补贴25万元。2013年9月，国家出台了《财政部、科技部、工业和信息化部、发展改革委关于继续开展新能源汽车推广应用工作的通知》。2013—2015年期间我国分两批发布 88 个新能源汽车推广试点城市。2016 年 12 月 1 日起，上海、南京、无锡、济南、深圳 5 个城市率先启动新能源汽车号牌试点工作。2017 年 11 月 16 日，公安部交通管理局在湖北武汉召开会议，部署自 2017 年 11 月 26 日起，在全国分三批推广新能源汽车专用号牌。

"十二五"期间，中国电动汽车产业完成了产业化起步阶段的任务，主要体现为几个方面。首先，中国电动汽车市场增速加快。2014 年、2015 年与上一年度相比销量同比增长分别超过 330% 和 340%，基本完成到 2015 年年底累计销量 50 万辆的预期目标。其次，促进电动汽车产业发展的政策体系已基本建立。十二个部委已相继出台政策 20 多项，包括购车补贴、车辆购置税和车船税税收优惠，已经形成了比较完备的、系统的支撑电动汽车发展的政策体系。最后，电动汽车产业生态基本形成。电动汽车产业各种要素、资源、发展条件已经基本形成，虽然个别方面仍存在空白或缺项，但总体上，电动汽车产业加快发展的氛围已经形成，基本条件已经具备。补贴、优惠等政策为国内电动汽车发展创造了良好的环境，促进电动汽车的应用普及与市场发展。

2016 年，中国电动汽车生产 51.7 万辆，销售 50.7 万辆，比 2015 年同期分别增长 51.7% 和 53%，超过美国，成为全球第一。其中，纯电动汽车销量为 40.9 万辆，比 2015 年同期增长 65.1%；插电式混合动力电动汽车产销分别完成 9.9 万辆和 9.8 万辆，同比增长 15.7% 和 17.1%。

2017 年，中国新能源汽车产、销量分别达到 79.4 万辆和 77.7 万辆。五年以内，中国新能源汽车产销规模年均增长 110%，远高于同期内传统汽车市场不到 5% 的年均增长率。

2018 年，中国新能源汽车产、销量分别为 127 万辆和 125.6 万辆，同比分别增长了 59.9% 和 61.7%。其中纯电动汽车产销分别完成 98.6 万辆和 98.4 万辆，同比分别增长 47.9% 和 50.8%；插电式混合动力电动汽车产销分别完成 28.3 万辆和 27.1 万辆，同比分别增长 122% 和 118%。

2019 年上半年，中国新能源汽车产、销量分别为 61.4 万辆和 61.7 万辆，同比分别增长 48.5% 和 49.6%。其中纯电动汽车产、销量分别为 49.3 万辆和 49.0 万辆，同比分别增长 57.3% 和 56.6%；插电式混合动力电动汽车产、销量分别为 11.9 万辆和 12.6 万辆，同比分别增长 19.7% 和 26.4%；燃料电池电动汽车产、销量分别为 1 170 辆和 1 102 辆，同比分别增长 7.2 倍和 7.8 倍。

第 2 章 新能源汽车动力电池及管理系统

【学习目标】

1. 掌握动力电池的分类
2. 熟悉动力电池的基本性能
3. 了解新能源汽车对动力电池性能的要求
4. 掌握铅酸电池与镍氢电池的结构与基本原理
5. 掌握锂离子电池的结构与基本原理
6. 掌握磷酸铁锂电池的结构与基本原理
7. 掌握动力电池管理系统的分类与功能

【导语】

　　动力电池，又称动力蓄电池、高压电池包，是纯电动汽车和油电混合动力汽车的能源储存动力源，在新能源汽车中发挥重要作用。电池运用到汽车上并不比燃油汽车晚，同样是汽车历史上不可或缺的一部分。

　　通过本章有目标的学习，了解电池的发展历史，熟悉动力电池的基本性能，掌握动力电池的分类，并掌握各种动力电池的结构与基本原理，掌握动力电池管理系统的功能。

2.1 新能源汽车动力电池基础

2.1.1 概述

电池的历史可以追溯到一个半世纪前。1859年法国科学家普兰特（Plante）发明的铅酸电池是世界上第一只可充电的电池。1889—1901年瑞典的扬格纳（Jungner）和美国的爱迪生（Edison）先后研制成功了镍铁电池和镍镉电池。这些电池在实际应用中都经历了数次结构、工艺、材料方面的改进，性能得到大幅度提高。随着20世纪80年代镍氢电池（全称为金属氢化物镍电池）问世以及20世纪90年代锂离子电池的出现，电池的性能和寿命有了长足进步。同时，电池从研制成功到规模化生产的周期也大大缩短。至今，在电动汽车上普遍使用的电池有铅酸电池、镍氢电池和锂离子电池等。

铅酸电池由于安全耐用、价格低廉，在被发明后的近一个世纪里曾是电动车辆动力源的首选方案。镍铁电池结构坚固，使用寿命长，也曾经成功应用到叉车、送奶车等电动车辆上。但是，由于两种电池的能量密度和功率密度较小，造成电池组重量和体积过大，在电动汽车上的使用日益减少。镍镉电池的性能显著优于铅酸电池，曾经在电动汽车上较大批量应用，但由于存在重金属镉污染，目前已经停止生产。

钠镍氯化物（ZEBRA）电池具有较高的能量密度，从20世纪70年代开始研究ZEBRA电池在电动汽车上的应用，但是ZEBRA电池的最大缺点是工作温度在270℃以上，从而限制了它在电动汽车上的应用。

镍氢电池的能量密度和功率密度优于铅酸电池和镍镉电池，在混合动力汽车中得到普遍应用。

锂离子电池性能优于镍氢电池与ZEBRA电池，近年来越来越引人关注，在电动汽车上的应用也越来越多。

所有这些电池作为汽车动力源，虽然新品种不断出现，性能不断提高，技术不断进步，但仍不能完全满足电动汽车的使用要求，其存在问题可归纳如下。

1. 能量密度低

电池质量能量密度和体积能量密度都很低，其中铅酸电池质量能量密度为35~40 W·h/kg，锂离子电池质量能量密度可达150 W·h/kg，而汽油则为10 000~12 000 W·h/kg。一辆小汽车携带50 kg的汽油可以行驶600 km以上，而同类型的电动汽车携带400 kg的铅酸电池一次充电只能行驶100 km左右。

由于电池的能量密度低，汽车不得不携带大量的电池。如美国通用汽车公司研制的纯电动轿车 EV-1，整车自重为 998 kg，铅酸电池组重量为 395 kg，整车自重与电池重量的比例约为 5∶2。由于汽车自重过大，一方面使电池所储存电能的一部分消耗在电池自重上，降低了汽车运行效率；同时也降低了汽车的使用性能，如加速能力、最高车速、最大爬坡度、制动性能等。另外，这也给整车设计增加了很大难度。

2. 快速充电接受能力差，充电时间长

从目前电池的充电接受能力以及智能充电设备来看，还很难做到像内燃机汽车加油那样快速地为电动汽车电池组充电。目前锂离子电池为了安全及保障电池使用寿命，推荐使用 C/3 的电流充电，这样为全放电的电池充满电至少需要 3 h。按照目前锂离子电池的充电接受能力，一般是要 3~5 h，即使采用比较快速的 1C 恒流充电，也需要 1 h 以上。充电时间长是电动汽车推广应用的另一个难题。

3. 电池价格昂贵

如果采用相对便宜的铅酸电池，一辆轻型电动客车所需电池组的价格近 2 万元，但一次充电却只能行驶不到 100 km。使用锂离子电池的电动汽车上，虽然一次充电续驶里程比铅酸电池大大提高，但目前价格比铅酸电池高出几倍甚至十几倍。

4. 汽车附件的使用受到限制

由于电动车中电池所能携带的电能有限，所以不得不对电能的使用斤斤计较。车用电动辅助系统（如空调、动力转向、制动系统等）的选用必须充分考虑到对电动车电能消耗的影响。

随着技术的发展，电池性能已经取得长足进步，上述问题对电动汽车发展的制约程度在不断降低。在能源与环保压力的推动下，电池技术还将继续进步和发展，有关问题也有望得到根本解决。

2.1.2 动力电池基本性能

电池的性能指标主要有电压、容量、内阻、能量、能量密度、功率、功率密度、输出效率、自放电率、循环使用寿命、电池的荷电状态等，根据电池种类不同，其性能指标会有差异。

1. 电压

电压分为端电压、开路电压、额定电压、充电终止电压和放电终止电压。正极和负极之间的电位差即为端电压，在没有负载情况下的端电压叫开路电压，在工作时输出的标准电压即为额定电压，充电时的电压极限值就是充电终止电压，放电时的电压极限值是放电终止电压。

2. 容量

容量是指电池在一定放电条件下所能放出的电量，用符号 C 表示，单位常用为 A/h 或 mA/h，等于放电电流与放电时间的乘积。容量可以分为理论容量、实际容量。

实际容量指在一定的放电条件下（一定沉度，一定的电流密度和终止电压），电池所能给出的电量。

假定电极上的活性物质全部参加成流反应，按照法拉第电解定律计算，电极应能放出的安时电量称为电极的理论容量。电池的单位质量的正负极活性物质的理论容量称为电池的理论容量，以 A·h/kg 表示。

3. 内阻

电池的内阻是指电池在工作时，电流流过电池内部所受到的阻力，它包括欧姆内阻和极化内阻，极化内阻又包括电化学极化内阻和浓差极化内阻。

4. 能量

动力电池的能量是指在一定的放电条件下，动力电池所输出的电能，单位为 W·h（瓦时）或 kW·h（千瓦时），动力电池的能量表示其供电能力，是反映动力电池综合性能的重要参数。

标称能量是指在一定的放电条件下动力电池所能输出的电能。动力电池的标称能量是其额定容量与额定电压的乘积。

实际能量是指在一定的放电条件下动力电池所能输出的电能。动力电池的实际能量是其实际容量与放电过程的平均电压的乘积。

5. 能量密度

能量密度即体积比能量，是指动力电池单位体积所能输出的电能，单位为 W·h/L 或 kW·h/L，动力电池的能量密度越高，新能源汽车的载质量和车内的空间就越大。

6. 功率

功率是指在一定的放电制度下，单位时间内电池输出的能量，单位为 W 或 kW。

7. 功率密度

功率密度又称作比功率，是单位质量或者单位体积电池输出的功率，单位为 W/kg 或 W/L。功率密度是评价动力电池是否满足电动汽车加速和爬坡能力的重要指标。

8. 输出效率

动力电池充电时将电能转化为化学能储存起来，放电时将化学能重新转换为电能释放出来，给用电器供电。

9. 自放电率

自放电率是指在存放时间内，没有负载条件下的自身放电时电池储存电量损耗的速度，用单位时间内电池电量下降的百分数来表示。

10. 循环使用寿命

循环使用寿命是指动力电池充电和放电一次为一个循环，按一定的测试标准，当电池容量降到某一个规定值（我国标准规定为额定值的80%）以前，电池经历的充放电循环次数。

11. 电池的荷电状态

电池的荷电状态（SOC）是描述电池剩余容量占额定容量的百分比。

2.1.3　新能源汽车对动力电池的要求

1. 纯电动汽车对动力电池的要求

纯电动汽车行驶完全依赖动力电池存储的能量，动力电池容量越大，可以实现的续驶里程越长，但其体积、重量也越大。纯电动汽车要根据设计目标、道路情况和行驶工况的不同来选配电池。具体要求归纳如下。

① 动力电池要有足够的能量和容量，以保证典型的连续放电不超过1C，典型峰值放电一般不超过3C；如果电动汽车上安装了回馈制动，动力电池必须能够接受高达5C的脉冲电流充电。

② 动力电池要能够实现深度放电（例如80%）而不影响其寿命，在必要时能实现满负荷功率和全放电。

③ 需要安装动力电池管理系统和热管理系统，显示动力电池的剩余电量和实现温度控制。

④ 由于动力电池体积和质量大，动力电池箱的设计、电池单体的空间布置和安装问题都需要认真研究。

2. 混合动力汽车对动力电池的工作要求

与纯电动汽车相比，混合动力汽车对动力电池的容量要求有所降低，但要能够根据整车要求实时提供更大的瞬时功率，即要实现"小电池提供大电流"。

由于混合动力汽车构型的不同，串联式和并联式混合动力汽车对动力电池的要求又有差别。

串联式混合动力汽车完全由电机驱动，内燃机-发电机总成与动力电池一起提供电机需要的电能，动力电池SOC处于较高的水平，对动力电池的要求与纯电动汽车相似，但容量要小一些。

并联式混合动力汽车内燃机和电机都可直接对车轮提供驱动力，整车的驾驶需求可以由不同的动力组合结构来满足。动力电池的容量可以更小，但是动力电池瞬时提供的功率要满足汽车加速或爬坡要求，动力电池的最大放电电流有时可能高达20C以上。

在不同构型的混合动力汽车上，由于工作环境、汽车构型、工作模式的复杂性，对混合动力汽车用动力电池提出统一的要求是比较困难的，但一些典型、共性的要求可以归纳如下。

① 动力电池的峰值功率要大，能短时大功率充放电。
② 循环寿命要长，达到1 000次以上的深度放电循环和40万次以上的浅度放电循环。
③ 动力电池的SOC应尽可能保持在50%~85%的范围内。
④ 需要配备动力电池管理系统和热管理系统。

3. 插电式混合动力汽车（PHEV）对动力电池的工作要求

PHEV对动力电池的要求要兼顾纯电动和混合动力两种模式。PHEV既要实现在城市里以纯电动汽车模式的行驶，又要实现在高速公路上以混合动力汽车模式的行驶（电池电量也在消耗）。PHEV期望纯电动工作模式的行驶里程达到几十公里，而且期望动力电池在低SOC时也能提供很高的功率水平。

以成本而言，由于动力电池成本高，PHEV的售价会比传统汽车和无纯电动里程的混合动力汽车高，用户也会期望PHEV动力电池性能好，寿命长。可见，PHEV对动力电池的要求是非常高的。

2.2 铅酸蓄电池与镍氢电池

2.2.1 铅酸蓄电池

以酸性水溶液为电解质的蓄电池称为酸蓄电池。由于电池电极是以铅及其氧化物为材料故又称为铅酸蓄电池。铅酸蓄电池广泛用于燃油汽车的起动。电动汽车使用的动力铅酸蓄电池要求有高的质量能量密度和比功率，高的循环次数和使用寿命，以及快速充电性能等。目前，电动汽车中已很少使用铅酸电池作为动力电池，多作为辅助蓄电池为车载电器系统供电。

铅酸蓄电池的基本单元是单体电池，每个单体电池都是由正极板、负极板和装在正极板和负极板之间的隔板组成。铅酸蓄电池的单体电池结构如图 2-2-1 所示。每个单体电池的基本电压为 2 V，然后将不同容量的单体电池按使用要求进行组合，装置在不同的塑料外壳中，来获得不同电压和不同容量的铅酸蓄电池总成。铅酸蓄电池总成结构如图 2-2-2 所示。

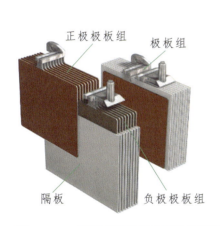

图 2-2-1 铅酸蓄电池的单体电池结构

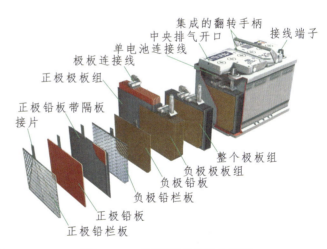

图 2-2-2 铅酸蓄电池总成结构

铅酸蓄电池总成经过灌装电解液和充电后，就可以从铅酸蓄电池的接线柱上引出电流。铅酸蓄电池通常采用密封、无锑网隔板等技术措施，并在普通铅酸蓄电池的电解液中加入硅酸胶（Na_2SiO_3）之类的凝聚剂，使电解质成为胶状物，形成一种"胶体"电解质。采用"胶体"电解质的铅酸蓄电池，使用起来更加方便。

铅酸蓄电池有以下几点优点。

① 除锂离子电池外，在常用蓄电池中，铅酸蓄电池的电压最高，为 2 V。
② 价格低廉。
③ 可制成小至 1 A·h 大至几千 A·h 的各种尺寸和结构的蓄电池。
④ 高倍率放电性能良好，可用于发动机起动。
⑤ 高低温性能良好，可在 –40 ℃ ~60 ℃ 条件下工作。
⑥ 电能效率高达 60%。
⑦ 易于浮充使用，没有"记忆"效应。
⑧ 易于识别荷电状态。

铅酸蓄电池有以下几点缺点。
① 比能量低，在电动汽车中所占的质量和体积较大，一次充电续驶里程短。
② 使用寿命短，使用成本高。
③ 充电时间长。
④ 铅是重金属，存在污染。

2.2.2 镍氢电池

镍氢电池属于碱性电池。20 世纪 90 年代随着混合动力汽车的规模化而得到应用。镍氢电池由氢氧化镍［Ni(OH)$_2$］正极、储氢合金负极、隔板、氢氧化钾电解质外壳、顶盖和密封圈等组成。在正负极之间有隔板，共同组成镍氢单体电池。在金属铂的催化作用下，完成充电和放电的可逆反应。圆柱形和方形镍氢电池的结构如图 2-2-3 所示。

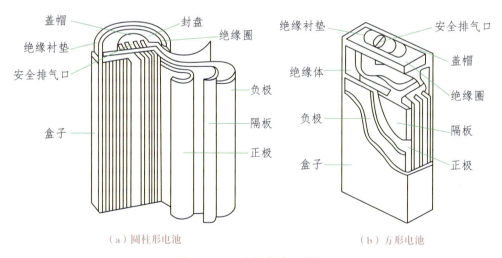

图 2-2-3 镍氢电池的结构

镍氢电池的正极，是球状氢氧化镍粉末与添加剂钴等金属、塑料和黏合剂等制成的涂膏，用自动涂膏机涂在正极板上，然后经过干燥处理成发泡的氢氧化镍正极板。在正极材料 Ni(OH)$_2$ 中添加 Ca、CO、Zn 或稀土元素，对稳定电极的性能有明显的改进。采用高分子材料作为黏合剂或用挤压和轧制成的泡沫镍电极，并采用镍粉、石墨等作为导电剂，可以提高大电流时的放电性能。

镍氢电池负极的关键技术是储氢合金，要求储氢合金能够稳定地经受反复的储气和放气的循环。储氢合金是一种允许氢原子进入或分离的多金属合金的晶格基块。储氢合金的种类和性能，对镍氢电池的性能有直接的影响。负极在充电或放电过程中既不溶解，也不再结晶，电极不会有结构性的变化，在保持自身化学功能的同时，还能保证本身的机械坚固性。储氢合金一般需要进行热处理和表面处理，以增加储氢合金的防腐性能，这有利于提高镍氢电池的质量能量密度、比功率和使用寿命。

电解质是水溶性氢氧化钾和氢氧化锂的混合物。在电池充电过程中，水在电解质溶液中分解为氢离子和氢氧离子，氢离子被负极吸收，负极由金属转化为金属氢化物。在放电过程中，氢离子离开了负极，氢氧离子离开了正极，氢离子和氢氧离子在电解质氢氧化钾中结合成水并释放电能。

镍氢电池在深度放电时质量比功率的变化比较稳定，对混合动力汽车的动力性能的控制十分有利，镍氢动力电池的寿命可以达到 100 000 km 以上。同时镍氢电池的充电接受性也很好，充电效率几乎达到 100%，能够很好地接受混合动力汽车在制动时回收的电能。另外，由于能量损失较小，镍氢电池的发热量被抑制在最小范围内，可以有效地控制剩余电量，并用电流来显示电池的剩余电量。

混合动力汽车动力电池经常处于充电、放电状态，而且充电、放电是不规则地进行的，这对动力电池的寿命带来严重的影响。松下电池公司用模拟混合动力汽车行驶工况对镍氢电池进行仿真试验，证实镍氢电池的特性几乎不发生变化，镍氢电池用于混合动力汽车是比较合适的。

镍氢电池具有无污染、高比能、大功率快速充放电、耐用等许多优点。与铅酸蓄电池相比，镍氢电池具有比能量高、重量轻、体积小、循环寿命长的特点，具体表现如下。

① 比功率高。目前商业化的镍氢功率型电池能做到 1 350 W/kg。

② 循环次数多。目前应用在电动汽车上的镍氢电池，80% 放电深度（DOD）循环可以达 1 000 次以上，为铅酸蓄电池的 3 倍以上；100% 放电深度（DOD）循环寿命也在 500 次以上，在混合动力汽车中可使用 5 年以上。

③ 无污染。镍氢电池不含铅、镉等对人体有害的金属，为 21 世纪"绿色环保电源"。

④ 耐过充过放，无记忆效应。

⑤ 使用温度范围宽。正常使用温度范围 $-30\ ℃ \sim 55\ ℃$，储存温度范围 $-40\ ℃ \sim 70\ ℃$。

⑥ 安全可靠。短路、挤压、针刺、安全阀工作能力、跌落、加热、耐振动等安全性及可靠性试验，无爆炸燃烧现象。

镍氢电池的基本单元是单体电池，单体电压为 1.2 V，按使用要求组合成不同电压和不同电荷量的镍氢电池总成。

2.3 锂离子动力电池

2.3.1 锂离子动力电池的结构与原理

锂离子电池由日本索尼公司于1990年最先开发成功。它是把锂离子嵌入碳（石油焦炭和石墨）中形成负极（传统锂电池用锂或锂合金作负极）。正极材料常用$LixCO_2$，也用$LixNiO_2$和$LixMnO_4$，电解液用LiPF6+ 二乙烯碳酸酯（EC）+ 二甲基碳酸酯（DMC）。锂离子电池以其容量高、循环使用寿命长、无记忆性等优点，称为新能源汽车的主要选择。

锂离子电池根据正极材料的不同，分为钴酸锂锂离子电池、锰酸锂锂离子电池、磷酸铁锂电池和三元锂电池等。按照使用温度不同分为高温锂离子电池和常温锂离子电池。按电解质的状态不同分为液态锂离子电池和聚合物锂离子电池，全固态锂离子电池目前还处于实验室研究阶段。

锂离子动力电池在原理上是一种锂离子浓差电池，正负极一般由两种锂离子嵌入化合物组成。充电时，Li+ 从正极脱嵌经过电解质嵌入负极，负极处于富锂态，正极处于贫锂态，同时电子的补偿电荷从外电路供给到负极（现在一般是石墨负极），以保证负极电荷平衡。放电时则相反，Li+ 从负极脱嵌，经过电解质嵌入正极，正极处于富锂态。锂离子电池工作原理图如图 2-3-1 所示。

理想的锂离子电池反应是一种理想的可逆反应。实际上锂离子电池每时每刻都有覆盖反应发生，如正极材料的溶解、电解液的电解、过充电造成的损耗等副反应都会造成锂离子电池容量衰退。

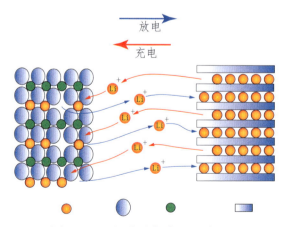

图 2-3-1 锂离子电池工作原理图

2.3.2 锂离子动力电池的特点

1. 电压高

锂离子动力电池的电压是镍镉电池、镍氢电池的 3 倍，铅酸电池的近 2 倍。因此组成相同电压的动力电池时，锂离子动力电池使用的串联数目会大大少于铅酸电池和镍氢电池。

2. 重量轻

相同重量下，锂离子电池的能量是镍氢电池的 2 倍，铅酸电池的 4 倍，从这个角度讲锂电消耗的资源就少。

3. 体积小

在单位容量下，锂离子动力电池体积是铅酸电池的二分之一到三分之一，提供了更合理的结构和更美观的外形的设计条件、设计空间和可能性。现阶段由于铅酸电池体积、重量的限制，设计师们的设计思想受到极大约束，导致现阶段的电动自行车在结构和外观上"千车一面"、雷同相似、单调划一。而锂离子电池的使用，给设计师们提供了展示设计思想和设计风格的更大空间及条件。当然同时也导致电动自行车用锂离子动力电池尺寸多种多样，不利于锂动力电池行业的发展。锂动力电池行业也需要尽快制定电动自行车用锂离子电池国家标准，加速在电动自行车领域锂电子动力电池对铅酸电池的替代。当然锂离子动力电池在不断发展过程中的不同材料、不同工艺电池的体积有很大的差别，如何统一也是一个难点。

4. 寿命长

循环次数可达 1 000~3 000 次。以容量保持 70% 计，电池组 100% 充放电循环次数可以达到 200 次以上，使用年限可达 5~8 年，寿命约为铅酸电池的 2 到 3 倍。随着技术的革新、设备的提高，电池的寿命会越来越长，性价比会越来越高。

5. 范围宽

低温性能好，锂离子动力电池可在 $-40\ ℃ \sim +55\ ℃$ 之间工作，而水溶液电池（比如铅酸电池、镍氢电池）在低温时，由于电解液流动性变差会导致性能大大降低。

6. 无记忆

所以每次充电前不必像镍镉电池、镍氢电池一样需要放电，可以随时随地地进行充电。电池充放电深度，对电池的寿命影响不大，可以全充全放。

7. 无污染

锂离子动力电池中不存在有毒物质，因此被称为"绿色电池"，属国家重点扶持项目。而铅酸电池和镉镍电池由于存在有害物质铅和镉，国家必然会加强监管和治理（铅酸电池出口退税的取消，铅资源税的增加，铅酸电动自行车出口的受限），相应企业的成本也会增加。虽然锂离子动力电池没有污染，但从资源节约的角度考虑，锂离子动力电池的回收、回收中的安全性、回收的成本也都需要考虑。

8. 安全隐患

由于锂离子动力电池能量高，材料稳定性差，锂电容易出现安全问题。2013年世界上知名的手机和笔记本电脑电池（正极材料为钴酸锂和三元材料）生产企业，日本三洋、索尼等公司要求电池的爆喷率控制在40个ppb（十亿分之一）以下，而动力电池的容量是手机电池容量的上百倍以上，因此对锂电的安全性要求极高。虽然钴酸锂电池和三元材料的电池具有重量更轻、体积更小等优点，但它们是不适合作动力电池应用于电动车的。混晶锰酸锂和磷酸亚铁锂的锂离子电池是最有前景的锂离子动力电池。

9. 价格高

相同电压和相同容量的锂离子动力电池价格是铅酸电池的3~4倍。随着锂离子动力电池市场的扩大，成本的降低，性能的提高，以及铅酸电池价格的提高，锂离子动力电池的性价比是有可能超过铅酸电池的。

2.3.3 锂离子动力电池的应用

1. 吉利帝豪EV300

吉利帝豪EV300采用三元锂离子动力电池。电池组的额定电压为346 V，额定功率50 kW，电池容量126 A·h。动力电池采用水冷式冷却方式。

动力电池总成安装在车体下部，如图2-3-2所示。动力电池的组成部件包括：各模组总成、csc采集系统、电池控制单元（BMU）、电池高压分配单元（B-BOX）、维修开关等部件。除维修开关安装在动力电池总成外部，其余组件均封装在动力电池内部。

图2-3-2 吉利帝豪EV300动力电池安装位置

2. 特斯拉 Model S

特斯拉 Model S 动力电池安装在车辆底盘前后轴之间，电池组几乎占据车辆底盘的全部，动力电池采用超过 7 000 节 18650 锂电池组成，容量为 85 kW·h，400V 直流电。电池组板由 16 组电池组串联而成，并且每组电池组由 444 节锂电池，每 74 节并联形成。因此特斯拉 Model S 电池组板由 7 104 节 18650 锂电池组成。动力电池安装位置和内部结构如图 2-3-3 所示。

图 2-3-3　特斯拉动力电池安装位置

2.3.4　锂离子动力电池特殊形式

1. 磷酸铁锂电池的结构与原理

磷酸铁锂电池是指用磷酸铁锂作为正极材料的锂离子电池。左边是橄榄石结构的磷酸铁锂作为电池的正极，由铝箔与电池正极连接；中间是聚合物的隔膜，它把正极与负极隔开，但锂离子 Li+ 可以通过而电子 e- 不能通过；右边是由碳（石墨）组成的电池负极，由铜箔与电池的负极连接。电池的上下端之间是电池的电解质，电池由金属外壳密闭封装。磷酸铁锂电池内部结构如图 2-3-4 所示。

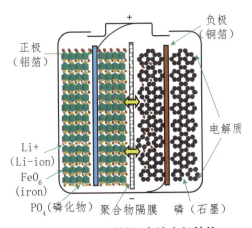

图 2-3-4　磷酸铁锂电池内部结构

磷酸铁锂电池在充电时，正极中的锂离子 Li+ 通过聚合物隔膜向负极迁移；在放电过程中，负极中的锂离子 Li+ 通过隔膜向正极迁移。锂离子电池就是因锂离子在充放电时来回迁移而命名的。

2. 磷酸铁锂动力电池的特点

磷酸铁锂动力电池的优点有以下几点。

（1）高温性能好

磷酸铁锂电热峰值可达 350 ℃ ~500 ℃，而锰酸锂和钴酸锂只在 200 ℃左右。工作温度范围宽广（−20 ℃ ~+75 ℃），有耐高温特性。

（2）大容量

具有比普通电池（铅酸等）更大的容量——5~1 000 AH（单体）。

（3）无记忆效应

可充电池在经常处于充满不放完的条件下工作，容量会迅速低于额定容量值，这种现象叫作记忆效应。像镍氢、镍镉电池存在记忆性，而磷酸铁锂电池无此现象，电池无论处于什么状态，可随充随用，无须先放完再充电。

（4）重量轻

同等规格容量的磷酸铁锂电池的体积是铅酸电池体积的 2/3，重量是铅酸电池的 1/3。

（5）环保

金属交易市场，钴（Co）最贵，并且存储量不多，镍（Ni）、锰（Mn）较便宜，而铁（Fe）最便宜。正极材料的价格也与这些金属的价格行情一致。因此，采用 $LiFePO_4$ 正极材料做成的锂离子电池应是最便宜的。它的另一个特点是对环境无污染。

作为充电电池的要求是：容量高、输出电压高、良好的充放电循环性能、输出电压稳定、能大电流充放电、电化学性能稳定、使用中安全（不会因过充电、过放电及短路等操作不当而引起燃烧或爆炸）、工作温度范围宽、无毒或少毒、对环境无污染。采用 $LiFePO_4$ 作正极的磷酸铁锂电池在这些性能要求上都不错，特别在大放电率放电（5~10 C 放电）、放电电压平稳上、安全上（不燃烧、不爆炸）、寿命上（循环次数）、对环境无污染上，它是最好的，是目前最好的大电流输出动力电池。

磷酸铁锂电池也有其缺点：例如低温性能差，正极材料振实密度小，等容量的磷酸铁锂电池的体积要大于钴酸锂等锂离子电池，因此在微型电池方面不具有优势。而用于动力电池时，磷酸铁锂电池和其他电池一样，需要面对电池一致性问题。

3. 磷酸铁锂电池的应用

由于磷酸铁锂电池具有上述特点，并且生产出各种不同容量的电池，很快得到广泛的应用。

(1) 比亚迪 E6

比亚迪 E6 采用磷酸铁锂动力电池,该动力电池是正极采用磷酸铁锂材料的锂离子电池。比亚迪 E6 动力电池的单体电池电压为 3.3 V,有 11 个电池模组构成,共 96 节单体电池,标称电压为 316.8 V。电池安装在车辆的底部,如图 2-3-5 所示。动力电池的外观如图 2-3-6 所示。

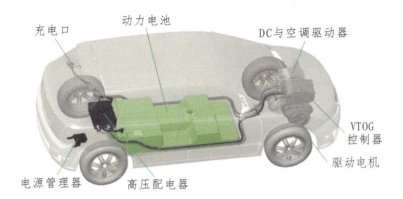

图 2-3-5 比亚迪 E6 动力电池安装位置

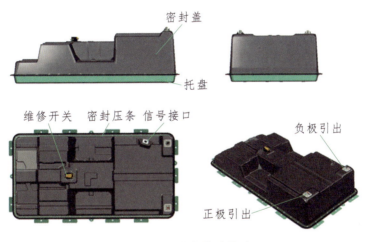

图 2-3-6 动力电池外观

(2) 北汽 EV200

北汽 EV200 电动汽车动力电池采用磷酸铁锂电池,安装在车辆底部,额定电压为 320 V。动力电池的外观和安装位置如图 2-3-7 和图 2-3-8 所示。

图 2-3-7　动力电池外观

图 2-3-8　动力电池安装位置

2.4 动力电池管理系统

2.4.1 动力电池管理系统概述

动力电池管理系统（BMS）是电池保护和管理的核心部件，它的作用是要保证电池安全可靠的使用，控制动力电池的充放电，并向 VCU 上报动力电池系统的基本参数及故障信息。

在动力电池管理系统中，分别有电路检测回路（Battery Monitoring Circuit，BMC）和电池组控制单元（Battery Control Unit，BCU）两个功能模块。根据两个功能模块之间的连接方式不同，分为一体式、主从式（星型）和总线式三种。

1. 一体式

一体式 BMS 的 BMC 和 BCU 集成在一个盒子中，盒子中引出导线与各个电池单体或者模组相连，如图 2-4-1 所示。一般市场上的一体式 BMS 都是面向固定数量的电池系统，如 24 串、36 串、48 串的一体式 BMS。

相对而言，一体式 BMS 成本相对较低，占用空间少，维护简单，但由于接口数量固定，面对不匹配的电池时，接口数目要大于电池单体数，因此会造成部分的浪费。一体式 BMS 具有成本低、结构紧凑、可靠性高的优点，一般常见于容量低、总压低、电池系统体积小的场景中。

图 2-4-1 一体式 BMS

2. 主从式（星型）

主从式 BMS 由一个 BCU 和若干个 BMC 构成。BCU 与每一个 BMC 以线束相连接，通常 BCU 中会带有一个总线集成模块，使多个 BMC 共用通信通道，也因此使得通信线路过长，难以维护。主从式 BMC 的 BCU 和 BMC 之间的关系如图 2-4-2 所示。

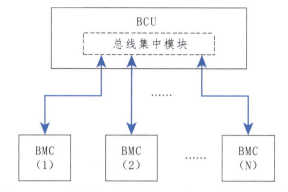

图 2-4-2　主从式 BMC 的 BCU 和 BMC 之间的关系

与一体式 BMS 类似，主从式 BMS 的线束数目也是 12 的倍数，所以一体式 BMS 的浪费现象，主从式 BMS 也有。

3. 总线式

总线式 BMS 采用一根总线将 BCU 和所有 BMC 之间的通信连在一起，因此总线式 BMS 比主从式 BMS 要节省线材成本，连接也更灵活，但是其中任何一个 BMC 或 BCU 出现故障，后面的 BMC 与 BCU 的通信都会受到影响。总线式 BMC 的 BCU 和 BMC 之间的关系如图 2-4-3 所示。

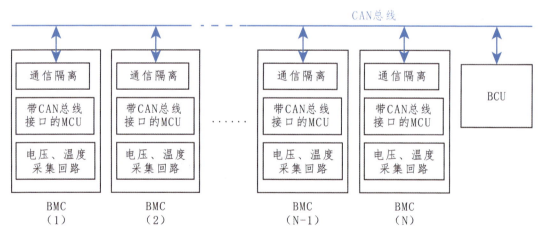

图 2-4-3　总线式 BMC 的 BCU 和 BMC 之间的关系

2.4.2　电池管理系统的功能

1. 概述

电池管理系统的主要工作原理可简单归纳为：数据采集电路采集电池状态信息数据后，由电子控制单元（ECU）进行数据处理和分析，然后电池管理系统根据分析结构对系统内的相关功能模块发出控制指令，并向外界传递参数信息。

动力电池管理系统对动力电池的电压、电流、温度进行时刻检测，同时还进行漏电检测、热管理、电池均衡管理、报警提醒、计算剩余容量、放电功率、报告 SOC（State of Charge 荷电状态）、SOH（State of Health，性能状态，也称健康状态），还根据动力电池的电压、电流及温度用算法控制最大输出功率以获得最大行驶里程，以及用算法控制充电机进行最佳电流的充电，通过 CAN 总线接口与车载控制器、电机控制器、能量控制系统、车载显示系统等进行实时通信。常见的动力电池管理系统功能如图 2-4-4 所示。

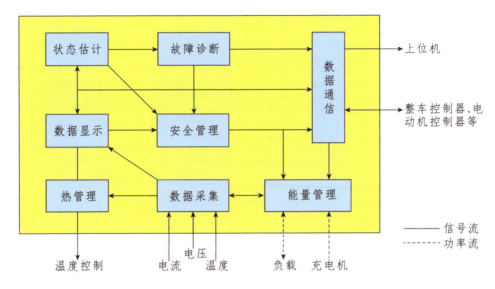

图 2-4-4　常见的动力电池管理系统功能

① 数据采集。动力电池管理系统所有功能的基础，需要采集的数据信息有电池组总电压、电流、电池模块电压和温度。

② 状态估计。包括 SOC 估计和 SOH 估计，SOC 提供电池剩余电量的信息，SOH 提供电池健康状态的信息，目前的动力电池管理系统都实现了 SOC 和 SOH 估计功能。

③ 热管理。指 BMS 根据热管理控制策略进行工作，以使电池组处于最优工作温度范围。

④ 数据通信。指电池管理系统与整车控制器、电机控制器等车载设备及上位机等非车载设备进行数据交换的功能。

⑤ 安全管理。电池管理系统在电池组的电压、电流、温度、SOC 等出现不安全状态时给予及时报警并进行断路等紧急处理。

⑥ 能量管理。对电池组充放电过程的控制，其中包括对电池组内单体或模块进行电量均衡。

⑦ 故障诊断是指使用相关技术及时发现电池组内出现故障的单体或模块。

电池管理系统与整车控制系统的关系如图 2-4-5 所示。

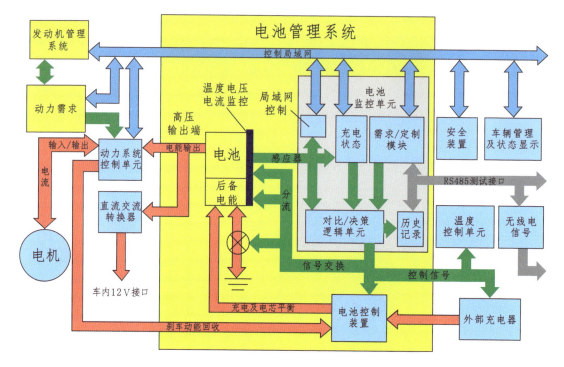

图 2-4-5 电池管理系统与整车控制系统的关系

2. 数据采集

BMS 实时准确地采集动力电池总电压、总电流及单体电池电压和温度等信息,是动力电池管理系统中重要的功能之一,其采集精度和速率代表了 BMS 的优劣。

①单体电池电压采集。采集单体电池电压是 BMS 控制策略中的重要因素之一,要求采集精度在 3 mV 以内。

②单体电池温度信息采集。动力电池的性能受单体电池的温度影响较大,当单体电池温度过高或过低时充、放电会对单体电池的寿命产生直接的影响,对于单体电池温度的精度要求一般在 1 ℃ 以内。

③动力电池总电压采集。动力电池总电压分为箱内电压和箱外电压两路。BMS 通过箱内、外电压的比较,来判断是否完成预充电过程。动力电池总电压既可直接测量也可通过分压电路采集得到。

④电流采集。动力电池充、放电电流的采集对于评估动力电池的荷电状态 SOC 及充、放电保护有重要的意义。在硬件电路设计中多采用霍尔式电流传感器或分流器采集电流,精度要求在 1%。为了保证测量精度,通常采用两路电流传感器来互相校正。

3. SOC 估算

动力电池荷电状态 SOC 描述动力电池剩余电量的数量,是动力电池使用过程中最重要的参数之一。由于 SOC 受充放电倍率、温度、自放电、老化等因素的影响,使得动力电池在使用过程中表现出高度的非线性，这为准确估计SOC带来很大难度。到目前为止，虽然新的SOC估计方法不断出现，但电动汽车动力电池SOC的精确估计问题一直没有得到彻底解决。另外，电动汽车使用的都是动力电池，如何定义一致性不好的电池模组或单体电池的SOC仍然是一个课题。实际使用过程中常用的方法是将电池模组等效为一个电池单体。为了确保动力电池的安全性，常使用能力最差电池单体的SOC来定义电池组的SOC。

目前较常采用的方法有放电试验法、安时计量法、开路电压法、负载电压法、内阻法、神经网络法、卡尔曼滤波法。

（1）放电试验法

放电试验法是最可靠的SOC估计方法，即采用恒定电流对动力电池进行连续放电至终止电压，放电电流与时间的乘积即为电池的剩余电量。放电试验法在实验室中经常使用，适用于所有的动力电池，但它有两个显著缺点：需要大量时间，动力电池进行的工作要被迫中断。放电试验法不适合行驶中的电动汽车，可用于电动汽车动力电池的检修。

（2）安时计量法

安时计量法是最常用的SOC估计方法。如果充放电起始状态为SOC_0，那么当前状态的SOC可由以下公式计算：

$$SOC = SOC_0 - \frac{1}{C_N}\int_0^t \eta I d\tau$$

式中，C_N为额定容量；I为电池电流；η为充放电效率。

安时计量法应用中有三个主要问题：方法本身无法给出动力电池初始SOC；电流测量不准确将造成SOC计算误差，长时积累，误差会越来越大；必须考虑动力电池的充放电效率。电流测量问题可以通过使用高性能电流传感器来解决，但成本会增加。解决电池充放电效率问题要通过事前的大量试验建立电池充放电效率的经验公式。安时计量法可以应用于所有电动汽车动力电池。如果电流测量准确，有足够的估计起始状态的数据，安时计量法是一种简单、可靠的SOC估计方法。

（3）开路电压法

动力电池的开路电压在数值上接近动力电池电动势。铅酸电池电动势是电解液浓度的函数，电解液密度随动力电池放电成比例降低，所以用开路电压可以比较准确地估计SOC。镍氢动力电池和锂离子动力电池的开路电压与SOC关系的线性度不如铅酸电池，但其对应关系也可以估计SOC，尤其在充电初期和末期效果较好。

开路电压法的显著缺点是需要动力电池长时静置以达到电压稳定，动力电池状态从工作恢复到稳定需要几个小时，这给测量造成困难，静置时间如何确定也是一个问题，所以该方法单独使用只适于电动汽车驻车状态。由于开路电压法在充电初末期SOC估计效果好，常与安时计量法结合使用。

（4）负载电压法

动力电池放电开始瞬间，电压迅速从开路电压状态进入负载电压状态，在动力电池负载电流保持不变时，负载电压随 SOC 变化的规律与开路电压随 SOC 的变化规律相似。

在动力电池放电时，根据放电电压和电流查表可以得到 SOC 估计值。

负载电压法的优点是能实时估计动力电池 SOC，在恒流放电时具有较好的效果。实际应用中，剧烈波动的动力电池电压给负载电压法应用带来困难。负载电压法很少应用到实车上，但常用来作为动力电池充放电截止的判据。

（5）内阻法

动力电池内阻有交流阻抗（Impedance）和直流内阻（Resistance）之分。交流阻抗和直流内阻都与 SOC 密切相关。动力电池交流阻抗为电压与电流之间的传递函数，是一个复数变量，表示动力电池对交流电的反抗能力，要用交流阻抗仪来测量。动力电池交流阻抗受温度影响大，且关于在动力电池处于静置后的开路状态还是在充放电过程中进行交流阻抗测量存在争议，所以很少用于实车上。

（6）神经网络法

估计动力电池 SOC 常采用三层典型神经网络。输入、输出层神经元个数由实际需要来确定，一般为线性函数。中间层神经元个数取决于问题的复杂程度及分析精度。估计动力电池 SOC 常用的输入变量有动力电池的电压、电流、温度、内阻、累积放出电量、环境温度等。神经网络输入变量的选择是否合适、变量数量是否恰当，直接影响模型的准确性和计算量。神经网络法适用于各种动力电池，缺点是需要大量的参考数据进行训练，估计误差受训练数据和训练方法的影响很大。

（7）卡尔曼滤波法

卡尔曼滤波法的核心思想是对动力系统的状态做出最小方差意义上的最优估计。应用于动力电池 SOC 估计，动力电池被看成动力系统，SOC 是系统的一个内部状态。

卡尔曼滤波法估计动力电池 SOC 的研究在近年才开始。该方法适用于各种动力电池，与其他方法相比，尤其适合于电流波动比较剧烈的混合动力汽车动力电池 SOC 的估计。它不仅给出了 SOQ 的估计值，还给出了 SOC 的估计误差，缺点是对动力电池模型准确性和计算能力要求高。

4. 动力电池热管理

动力电池的温度是影响整体性能的重要因素之一，而动力电池的性能优劣对于电动汽车的续驶里程有着重要的影响，可通过热管理系统控制动力电池始终工作在最佳工作状态。

动力电池热管理系统有以下五项主要功能。

① 动力电池温度的准确测量和监控。

② 动力电池温度过高时的有效散热和通风。
③ 低温条件下的快速加热，使动力电池能够正常工作。
④ 有害气体产生时的有效通风。
⑤ 保证动力电池温度场的均匀分布。

动力电池热管理系统传热介质对热管理系统的性能有很大影响。按照传热介质分类，热管理系统可分为风冷却、液体冷却及相变材料冷却三种方式。风冷却是最简单的方式，只需让空气流过单体电池表面。液体冷却分为直接接触和非直接接触两种方式。矿物油可作为直接接触传热介质，水或者防冻液可作为典型的非直接接触传热介质。液体冷却必须通过水套等换热设施才能对动力电池进行冷却，这在一定程度上降低了换热效率。动力电池壁面和流体介质之间的换热率与流体流动的形态、流速、流体密度和流体热传导率等因素相关。

风冷却方式的主要优点有：结构简单，重量相对较小；没有发生漏液的可能；有害气体产生时能有效通风；成本较低。风冷却方式的缺点在于其与动力电池壁面之间换热系数低，冷却、加热速度慢。

液体冷却方式的主要优点有：与动力电池壁面之间换热系数高，冷却、加热速度快；体积较小。液体冷却方式的主要缺点有：存在漏液的可能；重量相对较大；维修和保养复杂；需要水套、换热器等部件，结构相对复杂。

5. 其他功能

（1）故障诊断预警功能

利用采集的数据分析动力电池的各种参数，并给予适当的预警，避免出现故障影响人车安全。在电动汽车研发和测试过程中，会不可避免地出现各种问题，通过故障诊断可方便及时地发现问题，从而使电动汽车的动力电池技术越来越成熟。

（2）继电器和风扇管理

继电器是动力电池内主要的部件之一，BMS通过对继电器的管理可完成对动力电池内各个电路的控制，从而对充、放电进行管理和实现热管理。为防止动力电池过充电和过放电，BMS控制总高压继电器来实现对动力电池的保护。BMS可通过控制冷却风扇的运转来实施对动力电池的热管理，防止动力电池在充、放电过程中过热而造成严重损坏。

（3）CAN总线数据通信

在动力电池的使用过程中，需按照要求将单体电池电压、温度、电流和SOC、SOH等动力电池运行的相关状态信息进行上报。对于使用多个单体电池串、并联组成的动力电池来说，这种上报的信息包含两个方面。一方面是上报信息到动力电池管理系统之外，如整车控制器和驱动电机控制系统，为其提供所需要的数据；同时接收该系统所提供的信息，为制定合理的动力电池管理方案提供依据。另一方面是各电池模组之间的信息数据交换，为此制定通信方式和协议，实时了解单体电池容量和性能、保证单体电池安全可靠运行是 BMS 中一个关键的问题。

一般动力电池管理系统厂商会选用 CAN-BUS 总线的通信方式，实现与整车或其他模块进行数据交换。

（4）高压环路互锁

动力电池的动力输出端需要通过高压插接件连接到动力线缆。BMS 控制器向插接件发送 HVIL 信号，同时接收插接件反馈的信号。若接收成功则证明插接件高压环路互锁功能正常，反之若接收不到则插接件有松动现象，BMS 发出警示信号提示维修人员进行相应的处理。

（5）单体电池均衡功能

当多节单体电池组成电池模组时，由于单体电池的不一致性，必须进行均衡处理来使动力电池内各单体电池的压差较小，以更好地延长动力电池的使用寿命。目前单体电池均衡分为主动均衡和被动均衡两种方式。主动均衡是将单节能量高的单体电池能量转移到能量低的单节电池中，这是一种无损的均衡方式；被动均衡是通过在每一节单体电池正、负极端并联一个可控电阻，在需要时把多余的能量消耗掉。目前主动均衡方式应用不广，国内厂商多采用被动均衡方式。

（6）动力电池的绝缘检测功能

绝缘检测功能是保证动力电池安全的重要功能之一，动力电池内是数百伏的高压，若出现漏电会对驾乘人员造成严重的安全隐患。BMS 时刻监测动力电源的总正和总负对车身搭铁的绝缘阻值，如果出现阻值低于阈值，BMS 则上报故障，同时断开高压电，确保驾乘人员安全。

第 3 章 新能源汽车驱动电机及控制系统

【学习目标】

1. 了解驱动电机的分类
2. 掌握直流电机的结构与工作原理
3. 掌握三相异步交流电机的结构与工作原理
4. 掌握永磁同步电机的结构与工作原理
5. 掌握开关磁阻式电动机的结构与工作原理

【导语】

驱动电机也称动力电机或驱动电动机,是纯电动汽车的唯一动力源,是插电式混合动力汽车的主要动力源,可以向外输出扭矩,驱动汽车前进、后退,在部分情况下也可做发电机使用(如制动过程中,驱动电机把动能转化为电能,给动力电池充电)。

通过本章有目标的学习,了解驱动电机的分类,了解各种驱动电机的结构、工作原理和特点,根据特点分析新能源汽车使用永磁同步电机作为驱动电机的原因,了解常见车型使用的电机型号。

3.1　驱动电机简介

3.1.1　驱动电机发展史

1740年，第一台电动机是由苏格兰僧侣安德鲁·戈登创建的，这是一种简单的静电设备。1821年，英国人迈克尔·法拉第发明电动机实验室模型，只要有电流通过线路，线路就会绕着一块永久磁铁不停地转动，成为电动机的雏形。1827年，匈牙利物理学家安幼思·杰德利克开始尝试用电磁线圈进行试验。杰德利克解决一些技术问题后，称他的设备为"电磁自转机"。虽然只用于教学目的，但第一款杰德利克的设备已包含目前直流电动机的三个主要组成部分：定子、转子和换向器。1831年，美国人约瑟夫·亨利改进了法拉第电动机，使用电磁铁代替永久磁铁，提高了输出功率，从而向实用电动机发展跨出了重要一步。1834年，德国人莫里茨·赫尔曼·雅可比对亨利电动机做了重要革新，把水平的电磁铁改为转动的电枢，并加装了换向器，制成了第一台电动机样机；并于1838年制造出世界上第一台实用直流电动机，安装在船上，且试航成功。从此，电动机就完成了从实验室模型到实用电动机的转化。1835年，美国一位铁匠汤马斯·达文波特制作出世界上第一台能驱动小电车的应用型电动机，并在1837年申请了专利。19世纪70年代初期，世界上最早可商品化的电动机由比利时电机工程师Zenobe Theophile Gamme发明。1888年，美国著名发明家尼古拉·特斯拉应用法拉第电磁感应原理，发明了交流电动机，即感应电动机。1902年，瑞典工程师丹尼尔森利用特斯拉感应电动机的旋转磁场原理，发明了同步电动机。

3.1.2　电机的基本概念

电机是指依据电磁感应定律实现电能转换或传递的电磁装置。它的主要作用是产生驱动转矩，作为车用电器或各种机械的动力源。通常指电动机（如图3-1-1所示）、起动机（如图3-1-2所示）与发电机（如图3-1-3所示）。

图3-1-1　电动机

图 3-1-2 起动机

图 3-1-3 发电机

纯电动汽车的驱动电机有有刷或无刷直流电机、永磁或电磁直流电机、交流异步电机、永磁同步电机、开关磁阻电机等，它们的选用也与整车配置、用途和档次有关。另外，驱动电机的调速控制可分为有级调速和无级调速，有采用电子调速控制器和不用调速控制器之分。

电动机有轮毂电机、内转子电机以及单电机驱动、多电机驱动和组合电机驱动等。电动汽车的电机驱动系统把电能转化为机械能，并通过传动装置或直接将动力传递到车轮，进而驱动车辆按照驾驶人意志行驶，是电动汽车的关键系统之一。它在电动汽车上的具体任务是在驾驶人操纵控制下，将内燃机-发电机系统、动力电池的电能转化为车轮的动能驱动车辆，并在车辆制动时把车辆的动能再生为电能反馈到动力电池中以实现车辆的再生制动。近 90% 的电动机由旋转磁场设备组成，其主要优势在于可通过旋转场从定子向转子进行非接触式能量传输。这样就不需要直流电机换向器等磨损件。因此，这类设备磨损低，所需维护少。

电机的关键参数如下。

① 额定转速。即在额定功率下电机的转速，单位为转/分（r/min）。

② 电机转矩。即电动机的输出转矩，为电机的基本参数之一，常用单位为 N·m。

③ 额定功率。即电机在额定电压、额定环境等条件下电机轴上的输出功率，常用单位是 kW。效率：指电机有效输出功率与输入功率之比，不同类型电机效率曲线也不同。

电动汽车对电机的要求主要有如下几点。

① 电压高。在允许的范围内，尽可能采用高电压，可以减小电机的尺寸和重量，特别是可以降低逆变器的成本。

② 转速高。电动汽车所采用的感应电动机的转速可以达到 8 000~12 000 r/min，高转速电动机的体积较小、重量较轻，有利于降低整车的装备质量。

③ 重量轻，体积小。可通过采用铝合金外壳等途径降低电动机的重量，各种控制装置和冷却系统的材料等也尽可能选用轻质材料。

④ 电机应具有较大的起动转矩和较宽范围的调速性能，以满足起动、加速、行驶、减速、制动所需的功率与转矩。

⑤ 电动汽车驱动电机需要有 4~5 倍的过载能力，以满足短时加速行驶与最大爬坡度的要求，而工业驱动电机只要求有 2 倍左右的过载即可。

⑥ 电动汽车驱动电机应具有高的可控性、稳态精度和动态性能，以满足多部电机协调运行，而工业驱动电机只要求满足某一种特定的性能。

⑦ 电机应具有高效率、低损耗，在车辆减速时可进行制动能量回收。

⑧ 电气系统安全性和控制系统的安全性应达到有关标准和规定。

⑨ 电机应具有高的可靠性、耐温和耐潮性，运行时噪声低，能够在较恶劣的条件下长期工作。

⑩ 结构简单、适合大批量生产、使用维修方便、价格便宜等。

3.1.3 驱动电机类型

电动汽车早期采用的是直流驱动电机，随后逐步采用的是交流感应驱动电机、永磁同步电机和开关磁阻电机等。电动汽车驱动电机根据工作原理和结构的不同分类如图 3-1-4 所示。

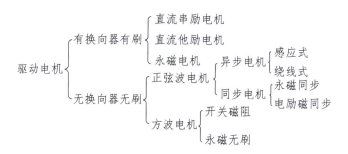

图 3-1-4　驱动电机分类

1. 直流驱动电机

早期电动汽车采用的是直流电机，如图 3-1-5 所示。最主要的原因是直流电机具有优良的转矩特性，其控制原理和控制装置简单、控制成本低、起动和加速转矩大、调速性能好。但其致命的缺点是，电刷和机械换向器限制了电机的过载能力、速度、功率体积比、功率质量比和效率的进一步提高；而且换向器产生的电火花、电磁干扰和噪声等极大地降低了可靠性，影响了其应用，同时其必须定期维护才能正常使用。现在一些低速短程电动汽车上广泛使用直流电机。直流电机主要通过改变电枢电压，采用脉冲宽度调节（PWM）

斩波器和 PI 调节器来实现调速控制。不同类型的斩波器适用于不同的模式,如一象限型适用于正向电动模式,二象限型适用于电动和再生制动模式,三象限型适用于反向电动模式,四象限型适用于通过电子控制的正向电动和反向制动模式。

图 3-1-5 直流电机

2. 交流感应驱动电机

交流感应驱动电机又称交流异步电机,如图 3-1-6 所示。随着微电子、电力电子技术和自动化控制技术的快速发展,电动汽车的驱动电机采用交流感应电机的情况日益增多。国外对交流异步铸铜转子感应电机作为牵引驱动电机使用非常重视,它与直流电机相比,具有结构简单、坚固、体积和质量小、成本低、效率高且价格低廉等优势。电机的定子输入频率可在较大范围内变化,调速范围宽,是电动汽车用驱动电机较理想的选择,尤其是对驱动系统功率需求较大的电动客车。但交流异步感应电机在低速运行时,也存在效率低、发热严重、控制系统复杂等有待解决的技术问题。

图 3-1-6 交流异步电机

交流感应驱动电机有笼型转子式和绕线转子式两种。绕线转子式可通过改变外电路参数来改善电机的运行性能，但其成本高、需要维护、耐久性能不足，因而没有笼型转子式应用那么广泛。特别是在纯电动汽车和混合动力汽车上，笼型转子式交流感应电机得到了广泛应用。电动汽车使用的交流感应驱动电机的额定电压一般为 380 V，其功率电动乘用车为 20~80 kW，电动商用车为 100~150 kW。电动汽车采用交流感应电机时，应合理选定电机的容量，尽可能地避免出现"大马拉小车"的现象。根据有关动力性能参数正确地予以选择，以尽量缩短电机空载运行时间。

目前国内外高性能电动汽车交流感应电机控制，主要有矢量控制和直接转矩控制两种控制方法。矢量控制方法已比较成熟，应用普遍，直接转矩控制方法有待于进一步完善。

特斯拉 Model S 的双电机驱动系统中后桥驱动电机采用交流异步电机。北汽 EC180、幻速 206ev 物流车等也采用了交流异步电机。

3. 永磁同步电机

永磁同步电机具有高功率密度、高效率、易散热、高可靠性和较好的动态性能等优点，是当前电动车辆用驱动电机的热点。永磁同步电机分为交流永磁同步电机、直流无刷永磁电机、新型永磁电机三大类，目前在电动汽车中主要采用的是交流永磁同步电机。

交流永磁同步电机（PMSM）是反电动势波形和供电电流波形都是正弦波的电机，又称为正弦波永磁同步电机，采用定子磁场的定向矢量控制和转子连续位置反馈信号来控制电机的调速和换向。

采用铁硼制成的永磁同步电机具有体积和质量小等优势，故得到广泛应用，目前国内外大多数纯电动汽车、混合动力汽车（包含插电式混合动力汽车）以及燃料电池汽车均采用永磁同步电机。某车型采用的永磁同步电机驱动单元（包含电机控制器）如图 3-1-7 所示。

图 3-1-7　某车型采用的永磁同步电机驱动单元（包含电机控制器）

4. 开关磁阻电机

开关磁阻电机（SRM）又称可变磁阻电机（如图 3-1-8 所示），是近二十年来备受重视的一种新型特种电机，是集电机技术、现代电力电子技术与计算机控制技术相结合的产物。它综合了感应电机和直流电机传动系统的优点，有着结构简单、容错性好、低速输出转矩高、成本低、效率高等许多优良的特性，特别适合作电动汽车用驱动电机在各种工况下运行，近年来为电动汽车行业所关注。

图 3-1-8　开关磁阻电机

3.2 直流电机

3.2.1 直流电机概述

1. 直流电机的结构组成

直流电机主要由定子、转子和换向器组成。汽车上电动玻璃升降器直流电机结构图如图 3-2-1 所示。

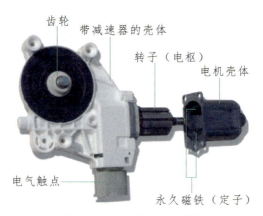

图 3-2-1 直流电机的结构

（1）定子

直流电机的定子也称为主磁极，其作用是建立磁场，使通电电枢产生电磁转矩。主磁极总是对立出现。通电后 S 极和 N 极对立排列。

（2）转子

直流电机的转子也称为电枢，作用是发作电磁转矩和感应电动势，而进行能量变换。电枢绕组有许多线圈或玻璃丝包扁钢铜线或强度漆包线。

（3）换向器

直流电机的换向器也称为整流子，在直流电动机中，它的作用是将电刷上的直流电源的电流变换成电枢绕组内的沟通电流，使电磁转矩的倾向稳定不变；在直流发电机中，它将电枢绕组沟通电动势变换为电刷端上输出的直流电动势。

2. 直流电机的特点

① 控制简单。直流电机可采用斩波器实现调速控制，控制灵活且高效。

② 价格便宜。由于直流电机制造技术成熟，控制装置简单，所以直流电机价格相对较低。

③ 起动性能好。直流电机具有较大的扭矩。

④ 效率低。与交流电机相比，直流电机效率更低。

⑤ 转速低。转速越高，电刷与换向器之间电火花越大，所以限制了直流电机的转速。

⑥ 质量大和体积大。直流电机功率密度小，相同功率下，直流电机质量和体积都更大。

3.2.2 直流电机基本原理

直流电机里边固定有环状永磁体，电流通过转子上的线圈产生安培力，当转子上的线圈与磁场平行时，再继续转，受到的磁场方向将改变。因此此时转子末端的电刷跟转换片交替接触，从而线圈上的电流方向也改变，产生的洛伦兹力方向不变，所以电机能保持一个方向转动。

直流发电机的工作原理就是把电枢线圈中感应的交变电动势，靠换向器配合电刷的换向作用，使之从电刷端引出时变为直流电动势的原理。导体受力的方向用左手定则确定（四指伸直，四指与拇指在同一平面且垂直。手心磁感线穿过，四指指向电流方向，拇指指向安培力方向），左手定则如图 3-2-2 所示。这一对电磁力形成了作用于电枢的一个力矩，这个力矩在旋转电机里称为电磁转矩，转矩的方向是逆时针方向，企图使电枢逆时针方向转动。如果此电磁转矩能够克服电枢上的阻转矩（例如由摩擦引起的阻转矩以及其他负载转矩），电枢就能按逆时针方向旋转起来。直流电机工作原理如图 3-2-3 所示。

直流电机体积和质量较大，存在换向火花、电刷磨损以及电机本身结构复杂等问题，使得直流电机慢慢被交流异步电机、永磁同步电机和开关磁阻电机取代，现在城市的无轨电车和电动叉车等使用直流电机，很多观光车和电动巡逻车也使用直流电机。

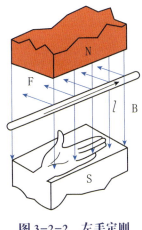

图 3-2-2 左手定则

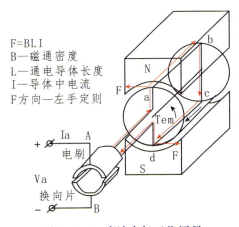

图 3-2-3 直流电机工作原理

3.3　三相交流异步电机

三相交流异步电机（Triple-phase Asynchronous Motor）是靠同时接入三相交流电源（相位差120°）供电的一类电机。由于三相异步电机的转子与定子旋转磁场以相同的方向、不同的转速旋转，存在转差率，所以叫三相交流异步电机。当电机的三相定子绕组通入三相对称交流电后，将产生一个旋转磁场。该旋转磁场切割转子绕组，从而在转子绕组中产生感应电流（转子绕组是闭合通路），载流的转子导体在定子旋转磁场作用下将产生电磁力，从而在电机转轴上形成电磁转矩，驱动电机旋转，且电机旋转方向与旋转磁场方向相同。

3.3.1　三相交流异步电机的分类

1. 按转子结构分类

按转子的结构不同，三相交流异步电机可分为笼式转子感应电机和绕线式转子感应电机。

笼式转子的异步电机结构简单、运行可靠、重量轻、价格便宜，得到了广泛的应用；其主要缺点是调速困难。绕线式转子感应电机的转子和定子一样也设置了三相绕组，并通过滑环、电刷与外部变阻器连接，调节变阻器电阻可以改善电机的起动性能，还可以调节电动机的转速。

2. 按运转速度分类

按运转速度不同，电机可分为高速电机、低速电机、恒速电机、调速电机。低速电机又分为齿轮减速电机、电磁减速电机、力矩电机和爪极同步电机等。调速电机除可分为有级恒速电机、无级恒速电机、有级变速电机和无级变速电机外，还可分为电磁调速电机、直流调速电机、PWM变频调速电机和开关磁阻调速电机。异步电机转子的转速总是略低于旋转磁场的同步转速。

3.3.2　三相交流异步电机的结构

交流异步电机的种类很多，但各类三相交流异步电机的基本结构是相同的，它们都由定子和转子这两大基本部分组成，在定子和转子之间具有一定的气隙。此外，还有端盖、风扇、轴承等其他附件，如图3-3-1所示。

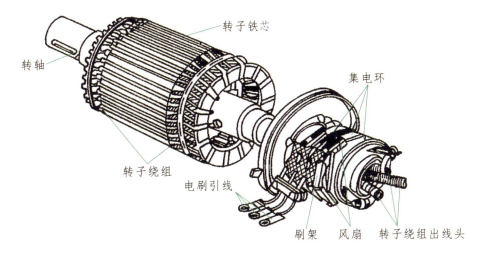

图 3-3-1　鼠笼式交流异步电机

1. 定子部分

定子是用来产生旋转磁场的。三相交流异步电机的定子一般由外壳、定子铁芯、定子绕组等部分组成。

（1）外壳

交流异步电机外壳包括机座、端盖、轴承盖、接线盒及吊环等部件。机座由铸铁或铸钢浇铸成形，它的作用是保护和固定三相交流异步电机的定子绕组。车用交流异步电机的机座还有两个端盖支承着转子，它是三相电机机械结构的重要组成部分。通常，机座的外表要求散热性能好，所以一般都铸有散热片。端盖用铸铁或铸钢浇铸成形，它的作用是把转子固定在定子内腔中心，使转子能够在定子中均匀地旋转。轴承盖也是由铸铁或铸钢浇铸成形的，它的作用是固定转子，使转子不能轴向移动，另外起存放润滑油和保护轴承的作用。接线盒一般是用铸铁浇铸的，其作用是保护和固定绕组的引出线端子。

（2）定子铁芯

交流异步电机定子铁芯是电机磁路的一部分，由 0.35 ~ 0.5 mm 厚表面涂有绝缘漆的薄硅钢片叠压而成，如图 3-3-2 所示。由于硅钢片较薄而且片与片之间是绝缘的，所以减少了由于交变磁通通过而引起的铁芯涡流损耗。铁芯内圆有均匀分布的槽口，用来嵌放定子绕组。

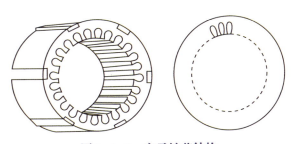

图 3-3-2　定子铁芯结构

（3）定子绕组

交流异步电机的定子绕组是三相电机的电路部分，三相电机有三相绕组，通入三相对称电流时，就会产生旋转磁场。三相绕组由三个彼此独立的绕组组成，且每个绕组又由若干线圈连接而成。每个绕组即为一相，每个绕组在空间相差120°电角度。线圈由绝缘铜导线或绝缘铝导线绕制。中、小型三相电机多采用圆漆包线，大、中型三相电机的定子线圈则用较大截面的绝缘扁铜线或扁铝线绕制后，再按一定规律嵌入定子铁芯槽内。定子三相绕组的六个出线端都引至接线盒上，首端分别标为 U_1、V_1、W_1，末端分别标为 U_2、V_2、W_2。这六个出线端在接线盒里的排列如图3-3-3所示，可以接成星形或三角形。

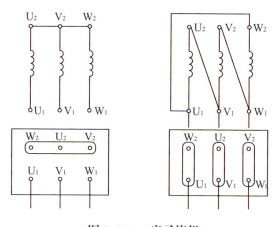

图 3-3-3 定子绕组

2. 转子部分

（1）转子铁芯

转子铁芯是用0.5 mm厚的硅钢片叠压而成的，套在转轴上，作用和定子铁芯相同，一方面作为电机磁路的一部分，另一方面用来安放转子绕组。

（2）转子绕组

交流异步电机的转子绕组分为绕线式与笼式两种。笼式绕组在转子铁芯的每一个槽中插入一根铜条，在铜条两端各用一个铜环（称为端环）把铜条连接起来，称为铜排转子，如图3-3-4（a）所示。也可用铸铝的方法，把转子导条和端环及风扇叶片用铝液一次浇铸而成，称为铸铝转子，如图3-3-4（b）所示。100 kW以下的异步电机一般采用铸铝转子。

3. 端盖、风扇、轴承

除定子和转子外交流异步电机还包括端盖、风扇等。端盖起防护作用，在端盖上还装有轴承，用以支撑转子轴。风扇则用来通风冷却电机。三相异步电机的定子与转子之间的空气隙，一般仅为0.2~1.5 mm。气隙太大，电机运行时的功率因此降低；气隙太小，使装配困难，运行不可靠，高次谐波磁场增强，从而使附加损耗增加以及使起动性能变差。

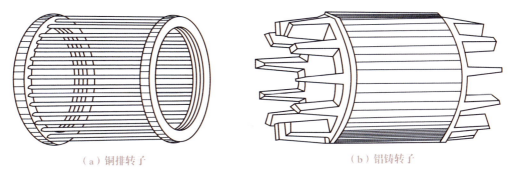

(a) 铜排转子　　　　　　　　　　　(b) 铝铸转子

图 3-3-4　转子绕组

3.3.3　三相交流异步电机的特点

（1）效率较高

交流异步电机的效率高于直流电机，这一特点对于车载能量有限的电动汽车来说格外重要。

（2）结构简单、体积较小、重量轻

相比于直流电机，交流异步电机转子的结构简单、尺寸小、重量轻。

（3）工作可靠、使用寿命长

交流异步电机无电刷和换向器，不存在换向火花问题，因而工作可靠性较高，使用寿命也较长。

（4）免维护

不存在换向火花问题，无电刷磨损问题，因而在使用中无须维护。

（5）调速性能相对较差

由于转子的转速与定子旋转磁场的旋转速度存在转差率，因而调速性能较差。

（6）成本较高

交流异步电机的控制相对较为复杂，配用的控制器成本较高。

3.3.4　三相交流异步电机的工作原理

三相异步电机定子接三相电源后，电机内便形成圆形旋转磁动势，圆形旋转磁密，设其方向为逆时针转，若转子不转，转子鼠笼导条与旋转磁密有相对运动，导条中有感应电动势 e，方向由右手定则确定。由于转子导条彼此在端部短路，于是导条中有电流，不考虑电动势与电流的相位差时，电流方向同电动势方向。这样，导条就在磁场中受力 f，用左手定则确定受力方向。转子受力，产生转矩 T，为电磁转矩，方向与旋转磁动势同方向，转子便在该方向上旋转起来。转子旋转后，转速为 n，只要 $n < n_1$（n_1 为旋转磁动势同步转速），转子导条与磁场仍有相对运动，产生与转子不转时相同方向的电动势、电流及受力，电磁转矩 T 为逆时针方向，转子继续旋转，稳定运行。

3.4 永磁同步电机

3.4.1 永磁同步电机概述

1. 永磁同步电机的基本结构

永磁同步电机的基本结构（如图3-4-1所示）与交流异步电机类似，都包括定子部分和转子部分。永磁同步电机的转子结构有瓦片式、嵌入式和内埋式等多种。永磁同步电机的定子是由铁芯和三相绕组构成的，与交流异步电机相似，但转子为永久磁铁。

(a) 转子　　　　　　　　　　(b) 定子

图3-4-1　永磁同步电机的基本结构

2. 永磁同步电机的特点

① 由于转子无须励磁，永磁同步电机可在很低的转速下保持同步运行，调速的范围宽。

② 瞬态特性通常都比较好。由于采用了高性能的永磁材料，体积得以减小，从而有较低的转动惯量、更快的响应速度。

③ 具有良好的机械特性。对于由于负载变化而引起的电机转矩扰动，永磁同步电机具有较强的承受能力。

④ 能够反向做发电机用，可用于电动汽车的再生制动。

⑤ 成本高、起动困难。

3. 永磁同步电机的原理

永磁同步电机与交流异步电机原理相同,当定子绕组输入三相正弦交流电时,会产生一个旋转磁场。该旋转磁场与转子的永磁体磁场相互作用,使转子产生电磁转矩,并随着定子的旋转磁场转动,由于转子的转动与旋转磁场同步,故称为永磁同步电机。

3.4.2 永磁同步电机应用

1. 比亚迪

比亚迪纯电动汽车现在使用的驱动电机为交流无刷永磁同步电机,通过采集电机旋变信号进行工作。电机由转子、定子、旋变传感器及温度传感器组成,电机采用水冷方式。电机驱动汽车前进后退,也可以在滑行、制动过程中将动能转化为电能。

比亚迪 e5 和秦 EV 驱动电机额定功率 80 kW,最大输出扭矩 310 N·m,最大输出转速 12 000 r/min。比亚迪全新一代唐 DM 车型搭载前后双电机,其中前电机最大输出功率 110 kW,最大输出扭矩 250 N·m,后电机最大输出功率 180 kW,最大输出扭矩 380 N·m,前后电机均采用水冷式冷却方式。

2. 吉利帝豪 EV300/EV450

吉利帝豪 EV300 采用永磁同步电机,电机参数:额定功率 42 kW、额定转矩 105 N·m、峰值转速 11 000 r/min(EV300)[12 000 r/min(EV450)]、峰值转矩 240 N·m(EV300)/250 N·m(EV450)、重量 55 kg。

3. 丰田

丰田 THS-II 系统有 MG_1 和 MG_2 两个电动/发电机,均为紧凑、轻型和高效的永磁同步电机,用来驱动车辆和提供再生制动。

两个电动/发电机和复合齿轮式驱动机构封装在一起,构成动力驱动桥,结构如图 3-4-2 所示。

MG_1 和 MG_2 所使用的转子含有 V 形布局的高磁力永久磁铁,可最大限度地产生磁阻扭矩。它们所使用的定子由低铁芯耗损的电磁钢板和可承受高压的电动机绕组线束制成。通过上述措施,MG_1 和 MG_2 可在紧凑结构下实现大功率和高扭矩。

MG_1 对动力电池再充电并供电以驱动 MG_2。此外,通过调节发电量(从而改变发电机转速),MG_1 还有效地控制传动桥的无级变速功能。同时,MG_1 还可作为起动机来起动发动机。

再生制动过程中,MG_2 将车辆的动能转换为电能,并存储到动力电池内。MG_1 和 MG_2 采用带水泵的水冷式冷却系统,降低工作时的热量。

MG_1、MG_2组成的驱动单元在车上的安装位置如图3-4-3所示。

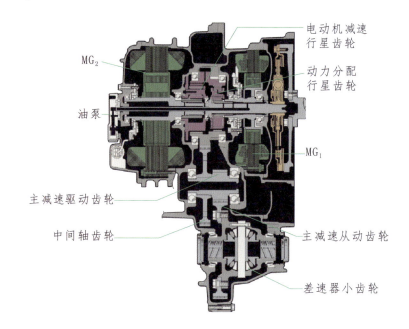

图3-4-2 MG_1、MG_2组成的驱动桥

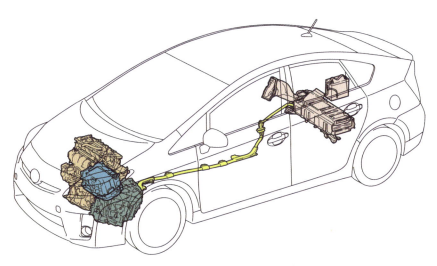

图3-4-3 MG_1、MG_2组成的驱动单元在车上的安装位置

3.5 开关磁阻电机

开关磁阻电机（SRM）是一种新型电机，它是所有类型电机中结构最简单的一种，在电机的转子上，没有集电环、绕组等转子导体和永久磁铁。开关磁阻电机的定子和转子都是凸极结构，只在电机的定子上安装有简单的集中励磁绕组。励磁绕组的端部较短，没有相间跨接线，磁通量集中于磁极区，通过定子电流来励磁。各组磁路的磁阻随转子位置的不同而变化。转子的运转是依靠磁力来运行的，转速可以达到 1 500 r/min。在较宽的转速范围和较宽的转矩范围内效率可以达到 85%~93%，比三相交流异步电机要高。它的转矩、转速特性好，在较宽的转速范围内，转矩、转速可灵活控制，调速控制较简单，并可实现四象限运行。开关磁阻电机有较高的起动转矩和较低的起动功率，功率密度高、结构简单坚固、可靠性好，但转矩脉动大、控制系统较复杂、工作噪声大，体积比同样功率的异步电机要大一些。

3.5.1 开关磁阻电机结构与特点

1. 开关磁阻电机结构

开关磁阻电机的基本组成部件有转子和定子，如图 3-5-1 所示。

图 3-5-1 开关磁阻电机

（1）转子

开关磁阻电机的转子由导磁性能良好的硅钢片叠压而成，转子的凸极上无绕组。开关磁阻电机转子的作用是构成定子磁场磁通路，并在磁场力的作用下转动，产生电磁转矩。

转子的凸极个数为偶数。实际应用的开关磁阻电机的转子凸极最少有 4 个（2 对），最多有 16 个（8 对）。

（2）定子

开关磁阻电机的定子铁芯也是由硅钢片叠压而成的，成对的凸极上绕有两个串联的绕组。定子的作用是定子绕组按顺序通电，产生的电磁力牵引转子转动。

定子凸极的个数也是偶数，最少的有 6 个，最多的有 18 个。目前应用较多的是四相 8/6 极结构和三相 6/4 极结构。

2. 开关磁阻电机特点

开关磁阻电机传动系统综合了感应电动机传动系统和直流电动汽车电机传动系统的优点，是这些传动系统的有力竞争者。

① 通过适当的控制策略和系统设计，开关磁阻电机能满足电动汽车四象限运行要求，具有较强的再生制动能力，并在高速运行区域内能保持较强的制动能力。

② 驱动系统有良好的散热性能，功率密度大，减小了电机的体积和重量，节省了电动汽车的有效空间。

③ 结构简单，成本低，制造工艺简单。

④ 可控参数多，调速性能好，适于频繁起动、停止以及正反转运行。

⑤ 电机的主电路较复杂。当电机的凸极数越多，主接线数越多，电机的主电路就越复杂，开关磁阻电机设计和控制要求非常精细，设计和控制就复杂。

⑥ 电磁转矩的脉动较大，在特定频率下会产生谐振，这些都使得开关磁阻电机噪声和振动较大。

3.5.2 开关磁阻电机工作原理

如图 3-5-2 所示仅画出其中一相绕组（A 相）的连接情况。当定子、转子凸极正对时，磁阻最小；当定子、转子凸极完全错开时，磁阻最大。当 B 相绕组施加电流时，由于磁通总是选择磁阻最小的路径闭合，为减少磁路的磁阻，转子将顺时针旋转，直到转子凸极 2 与定子凸极 B 的轴线重合。

当各电子开关依次控制 A、B、C、D 四个定子绕组通电时，转子就会不断受电磁力的作用而持续转动。如果定子绕组按 D→A→B→C 的顺序通电，则转子就会逆着励磁顺序以逆时针方向连续旋转。反之，若按 B→A→D→C 的顺序通电，则电机转子就会沿顺时针方向转动。

开关磁阻电机转子上没有绕组和永磁体，其结构是四种电机中最坚固的，而且这样的结构使得电机制造简单、成本低、散热特性较好。相对于直流电机和交流电机，开关磁阻电机具有更高的效率，而且可以在较宽的功率和转速范围内高效率运行，这种特性十分符

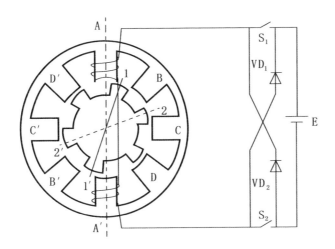

图 3-5-2 四相 SR 电机的工作原理

合电动汽车驱动的要求。但是，由于外加电压的阶跃性变化，使得定子电流、电机径向力变化率突变，使得开关磁阻电机工作时产生较大的脉动，再加上其结构各项工作时的不对称，导致开关磁阻电机工作时产生较大的噪声和振动，这是开关磁阻电机在电动汽车驱动系统应用中普遍存在和急需解决的问题。现在还没有产业化车型使用开关磁阻电机。

开关磁阻电机作为最新一代无级调速系统尚处于深化研究开发、不断完善提高的阶段，其应用领域也在不断拓展之中。

第4章 纯电动汽车

【学习目标】

1. 了解纯电动汽车的类型与特点
2. 掌握纯电动汽车电力驱动控制系统的组成及功能
3. 掌握纯电动汽车的结构特点与工作原理
4. 了解常见车型的基本配置参数

【导语】

　　作为新能源汽车的"主力军",2019年上半年,我国纯电动汽车产销分别为49.3万辆和49.0万辆,同比分别增长57.3%和56.6%。我国电动汽车起步较晚,当前技术落后于外国技术;但是,纯电动汽车与我国的国情和发展理念相契合,未来必定会发展得更好。

　　通过本章有目标的学习,了解电动汽车的类型和特点,掌握纯电动汽车的结构特点与工作原理,熟悉国内外主流车型的配置参数等。

4.1 纯电动汽车概述

纯电动汽车是指以车载电源为动力,用电机驱动车轮行驶,符合道路交通、安全法规各项要求的车辆。纯电动汽车主要由电力驱动控制系统、汽车底盘、车身以及各种辅助装置组成。除电力驱动控制系统外,其他部分的功能及其结构组成与传统汽车相同,一般采用高效率动力电池或燃料电池为动力源。纯电动汽车无须再用内燃机,因此,纯电动汽车的电机相当于传统汽车的发动机,动力电池相当于传统汽车的油箱,如图4-1-1所示。

图 4-1-1 纯电动汽车组成

4.1.1 纯电动汽车特点

1. 纯电动汽车优点

① 零排放。纯电动汽车使用电能,在行驶中无废气排出,不污染环境。

② 电动汽车比汽油机驱动汽车的能源利用率要高。

③ 因使用单一的电能源,省去了发动机、变速器、油箱、冷却和排气系统,所以结构较简单。

④ 噪声小。

⑤ 可在用电低峰时进行汽车充电,以平抑电网的峰谷差,使发电设备得到充分利用。

2. 纯电动汽车缺点

① 续驶里程较短。

② 采用动力电池及电机控制器使成本较高。
③ 充电时间长。
④ 目前没有授权服务站，维护成本较高。
⑤ 动力电池寿命短，几年就得更换。

4.1.2 纯电动汽车类型

纯电动汽车有多种分类方法，可按所选用的储能装置或驱动电机的不同分类，其间又可有多种不同组合；也可按驱动结构的布局或用途不同分类。

1. 按储能装置分类

纯电动汽车目前所采用的储能装置主要有铅酸动力电池、锂电池、镍氢动力电池等。其中铅酸动力电池技术比较成熟，价格低，但其性能和寿命比较差。其余几类动力电池都比铅酸动力电池性能好，但是成本较高。纯电动汽车以动力电池作为唯一能源，所以，动力电池的各项性能指标对纯电动汽车的性能有重要影响。

2. 按驱动结构布局分类

（1）传统的驱动方式

此种驱动形式与传统汽车的布置基本相同，通常是在传统汽车基础上改装而成，根据电动汽车有无离合器可分为两种形式。如图 4-1-2 所示为带有离合器的机械驱动布置形式；如图 4-1-3 所示为电机直接通过传动轴与固定传动比的减速器相连的布置形式，该种形式减少了传动系统质量。

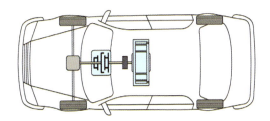
图 4-1-2 传统式驱动方式（带离合器）

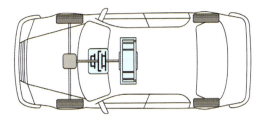
图 4-1-3 传统式驱动方式（不带离合器）

（2）电机 - 驱动桥组合式驱动方式

此种驱动形式是把电机、固定传动比的减速器和差速器集成为一个整体，通过两个半轴驱动车轮，如图 4-1-4 所示。

（3）电机 - 驱动桥整体式驱动方式

此种驱动方式取消了机械差速器，采用两个电机通过固定的两个减速器分别驱动两个车轮，每个电机可以独立控制，如图 4-1-5 所示。

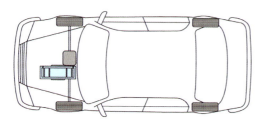 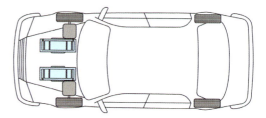

图 4-1-4　电机-驱动桥组合式驱动方式　　　图 4-1-5　电机-驱动桥整体式驱动方式

（4）轮毂电机分散式驱动方式

此种布置形式将驱动电机直接安装在车轮上，缩短了电机和车轮之间的机械传动装置，如图 4-1-6 所示。由于汽车转弯时，外侧车轮的转弯半径比内侧车轮大，所以需要通过差速器来配合两侧车轮转速不同的要求。前两种方式采用具有行星齿轮结构的机械式差速器，第三种方式的差速器可选机械式或电控式，而第四种方式可实现电子差速控制。

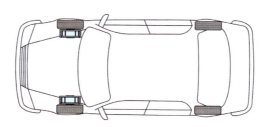

图 4-1-6　轮毂电机分散式驱动方式

3. 按驱动电机分类

纯电动汽车按其驱动电机类型可分为 4 种，即直流电机、交流电机、永磁无刷电机和开关磁阻电机。

4.1.3　增程式电动汽车

1. 增程式电动汽车概念

增程式电动汽车是指为了解决纯电动汽车续驶里程短的问题，在纯电动汽车的基础上，增加一个增程器（RE）以增加电动汽车的续驶里程。RE 通常是一台小排量发动机带动一个发电机给动力电池充电的辅助能量装置，如图 4-1-7 所示。在行驶中，仍然以动力电池为主要动力，小排量发动机不直接驱动汽车，而仅用于带动发电机发电，因此，其结构和动力性能都接近纯电动汽车。

2. 增程式电动汽车工作模式

增程式电动汽车有两种工作模式，即纯电动工作模式和增程工作模式。

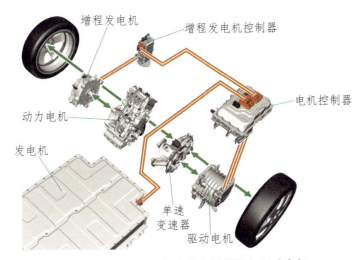

图 4-1-7 增程式电动汽车增程器与驱动电机

（1）纯电动工作模式

如图 4-1-8 所示为增程式电动汽车纯电动工作模式，此阶段属于电量消耗阶段。根据动力电池最佳工作区间特性，预先设计一个荷电状态（SOC）最低阈值（SOClow）。当电池 SOC 值处于这个阈值以上时，车辆与纯电动汽车一样，由动力电池提供能量，由驱动电机提供行驶动力；发动机不起动，只做非正常情况时备用状态，达到零排放。

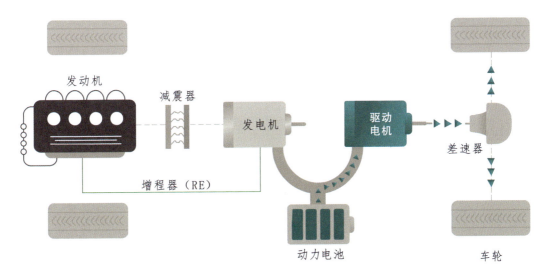

图 4-1-8 增程式电动汽车纯电动工作模式

（2）增程工作模式

如图 4-1-9 所示为增程式电动汽车增程工作模式，此阶段属于电量维持阶段。随着车辆在纯电动模式下运行，电池 SOC 逐渐降低，当低于设定阈值时，如果再继续使用电池，将会减少电池的使用寿命。这时，应当起动增程器，将增程器发出的电能提供给驱动电机用于行驶；同时，多余的部分电能为电池充电，使电池 SOC 略微增加至预定阈值（SOChi），并保持 SOC 处于前述两个阈值之间，即满足 SOClow ≤ SOC ≤ SOChi，直至停车充电。将电池充满，之后车辆行驶时，又进入纯电动模式。

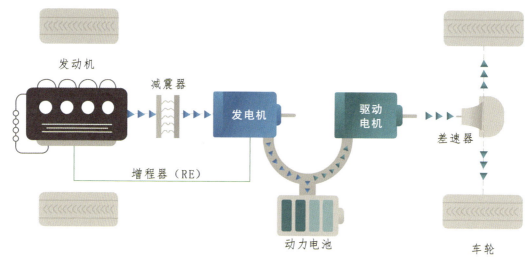

图 4-1-9　增程式电动汽车增程工作模式

3. 增程式电动汽车特点

增程式电动汽车源于电动汽车电控系统的发展，兼备纯电动汽车和传统发动机汽车的优点，其主要特点有以下几点。

① 增程式电动汽车相对于传统汽车，其发动机只是相当于常规轿车的小型发动机，其功率小、噪声低、可靠性高，且发动机总是保持工作在高效率区，燃油消耗和排放都大幅度降低。

② 相对于传统混合动力汽车，增程式电动汽车动力电池容量比较大，车辆在较长距离内以纯电动模式运行。能提供足够电功率使电机驱动车辆起动、加速、爬坡，避免了传统汽车起动加速等发动机过载工况带来的油耗和排放的增加。

③ 增程式电动汽车可以通过车载发电机随时对动力电池充电，因此其动力电池只需配置同级纯电动汽车电池用量的 30%~40%，其生产及使用成本大幅下降。此外，对纯电动汽车来说，空调用电是一个很大负担，据有关研究，开空调会使行驶里程减少大约 1/3；而增程式电动汽车则可以通过发电机组给空调提供动力，降低了动力电池能耗，使车辆续驶里程增加。

④ 由于增程式电动汽车的电池容量相对较小，充电所需时间减少，因此可以利用小功率充电桩或家庭用电进行充电。而且还可以利用晚间"谷电"和午间休息时间充电，避免了新辟充电站等供电设施建设，节约了大量人工成本，而且还帮助电网"分散调峰"，进一步提高了能源利用率。

4.2 纯电动汽车基本结构与工作原理

电动汽车一般由车身、底盘、电力驱动控制系统等组成。其车身和底盘与传统汽车结构相类似，甚至有所简化，而电力驱动控制系统和传统汽车有着根本的不同。传统汽车由内燃机提供动力，动力从内燃机输出后，送达飞轮和离合器，再进一步传递到传动系统，直至驱动车辆前进，内燃机消耗的燃料储存在油箱中。电动汽车使用电机提供动力，动力输出到传动系统驱动车辆行驶。电机的能量来自动力电池。因此，电力驱动控制系统决定了电动汽车的结构组成及性能特征，是电动汽车的核心。

4.2.1 纯电动汽车电力驱动控制系统组成及功能

纯电动汽车电力驱动控制系统的组成如图 4-2-1 所示，主要由电机驱动模块、车载电源模块和辅助动力供给模块 3 部分组成。当汽车行驶时，由动力电池输出电能通过控制器驱动电机运转，电机输出的转矩经传动系统带动车轮前进或后退。电动汽车续驶里程与动力电池容量有关，动力电池容量受诸多因素限制。

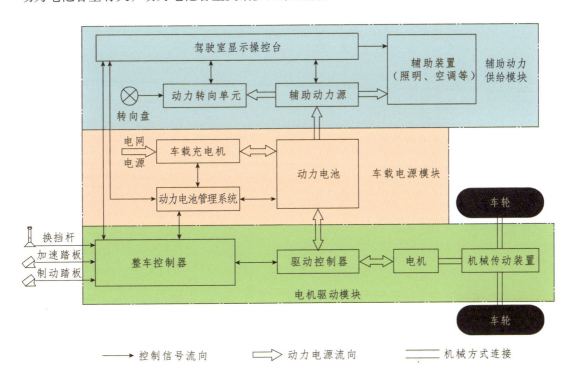

图 4-2-1 纯电动汽车电力驱动控制系统的组成

1. 电机驱动模块

电机驱动模块主要由整车控制器、驱动控制器、电机和机械传动装置等组成。

从图 4-2-1 中可以看出，为适应驾驶人的传统操纵习惯，纯电动汽车仍保留了加速踏板、制动踏板及有关操纵手柄或按钮等。不过，在电动汽车上是将加速踏板、制动踏板的机械位移量转换为相应的电信号，输入整车控制器来对汽车的行驶实行控制的。对于换挡杆，为遵循驾驶人的传统习惯，一般仍需保留，同样除了传统的驱动模式外也就只有前进、空挡、倒退 3 个挡位，并且以开关信号传输到整车控制器来对汽车进行前进、停车、倒车控制。

（1）整车控制器

整车控制器不仅是电力驱动主模块的控制中心，而且要对整车控制起协调作用，整车控制器网络结构如图 4-2-2 所示。它根据加速踏板或制动踏板的输入信号，向驱动控制器发出相应的控制指令，对电机进行起动、加速、减速和制动控制。在电动汽车进行减速或滑行时，整车控制器还配合车载电源模块的能源管理系统进行发电回馈，即向动力电池充电。另外，还将与汽车行驶状态有关的速度、功率、电压等信息传输到辅助模块显示。

（2）驱动控制器（电机控制器）

驱动控制器（电机控制器）的作用是按照整车控制器的指令和电机速度、电流反馈信号，对电机的速度、驱动转矩和旋转方向进行控制。驱动控制器（电机控制器）必须与电机配套使用，电机的调速主要采用调压和调频等方式，这主要取决于所选用的驱动电机类型。由于动力电池以直流电方式供电，因此对于直流电机，主要是通过 DC/DC 转换器进行调压调速控制；对于交流电机，需通过 DC/AC 转换器进行调频调压矢量控制；对于磁阻电机，则是通过控制其脉冲频率来进行调速。当汽车倒车时，需通过驱动控制器（电机控制器）使驱动电机反转来驱动车轮反向行驶。当纯电动汽车处于减速和下坡滑行时，驱动控制器（电机控制器）使驱动电机运行于发电状态，驱动电机利用其惯性发电，将电能通过驱动控制器回馈给动力电池，所以驱动控制器与动力电池电源的电能流向是双向的。驱动控制器（电机控制器）外观如图 4-2-3 所示。

（3）电机

电机承担电动和发电双重功能，将电能转化为机械能，或者机械能转化为电能。当汽车正常行驶时，电机发挥电动功能；当汽车在减速或下坡滑行时，电机发挥发电功能，即将车轮惯性动能转化为电能。驱动电机的选型一定要根据其负载特性来选，汽车在起步和上坡时要求有较大的起动转矩和相当的短时过载能力，并有较宽的调速范围和理想的调速特性，即在起动低速时为恒转矩输出，在高速时为恒功率输出。电机与驱动控制器所组成的驱动系统是纯电动汽车中最为关键的部件。纯电动汽车的运行性能主要取决于驱动系统的类型和性能，它直接影响着汽车的各项性能指标，如汽车在各工况下的行驶速度、加速与爬坡性能及能源转换效率。宝马 i8 混合动力电动跑车电机如图 4-2-4 所示。

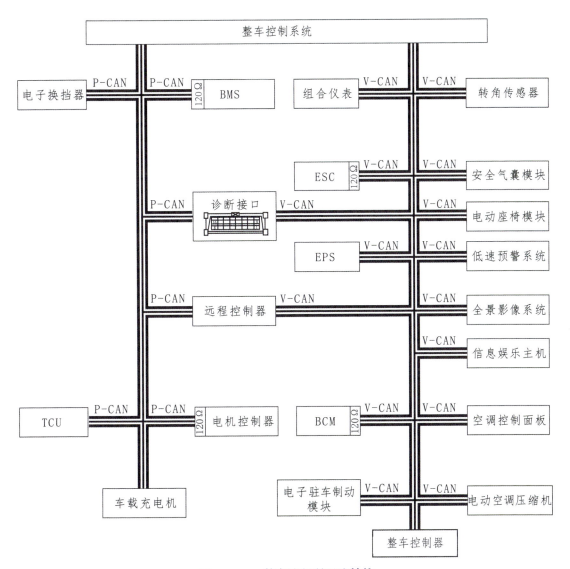

图 4-2-2 整车控制器网络结构

图 4-2-3 驱动控制器（电机控制器）外观

图 4-2-4　宝马 i8 混合动力电动跑车电机

（4）机械传动装置

机械传动装置的功能是将电机驱动转矩传输给汽车的传动轴，带动车轮行驶。由于电机本身具有良好的调速特性，因此电动汽车的变速机构可被简化，采用一种固定传动比的减速装置，如图 4-2-5 所示。因为电机可以带负载直接起动，所以可以省略传统内燃机汽车的离合器。又由于电机可以很容易实现正反向旋转，因此也无须使用变速器中的倒挡齿轮组实现倒车。

图 4-2-5　固定传动比减速装置

2. 车载电源模块

车载电源模块包括动力电池、动力电池管理系统和充电控制器（车载充电机）。其主要功用是向电机提供驱动电能、检测电源使用情况以及控制充电机向动力电池充电。

（1）动力电池

动力电池是纯电动汽车的唯一能源，如图 4-2-6 所示。它除了供给汽车行驶所需的电能外，也供给汽车各种辅助装置的工作电源。为满足要求可以由多个单体电池串并联 96~480 V 高压直流电池组，再通过 DC/DC 转换器供给各个辅助用电设备。

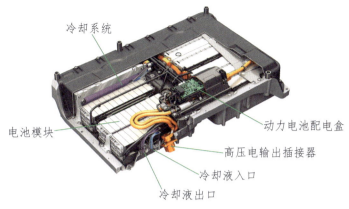

图 4-2-6　动力电池

（2）动力电池管理系统

动力电池管理系统的作用是在汽车行驶中进行能源分配，协调各功能部分的能量管理，使有限能源得到最大利用。管理系统核心是动力电池管理器，一般安装在动力电池体内。动力电池管理系统与电机驱动模块中的整车控制器配合控制发电回馈，使电动汽车在减速、制动、下坡滑行时进行能量回收，从而有效利用能源，提高电动汽车的续航能力。动力电池管理系统还与充电控制器（车载充电机）一同控制充电，对电动汽车用电池单体及整组进行实时监控、充放电、巡检及温度检测等。

（3）充电控制器（车载充电机）

充电控制器（车载充电机）的作用是将电网供电制式转换为满足动力电池充电要求的制式，即把交流电转化为相应电压的直流电，并按要求控制其充电电流。充电控制器（车载充电机）外观如图 4-2-7 所示。

图 4-2-7　充电控制器（车载充电机）外观

3. 辅助动力供给模块

辅助动力供给模块的主要作用是供给电动汽车辅助系统不同等级的电压，并提供必要的动力，它主要给动力转向、空调、制动及其他辅助装置提供能源。

（1）辅助动力源

辅助动力源主要由辅助电源（一般为 12 V 蓄电池）和 DC/DC 转换器组成，功用是供给电动汽车上其他各种装置所需的动力电源。一般是 12 V 或 24 V 直流低压电源，主要给动力转向、制动力调节控制、照明、空调、电动门窗等各种电气设备提供电源。目前部分车型 DC/DC 转换器集成在驱动控制器（电机控制器）内部，还有部分车型集成在高压分配盒内。

（2）动力转向单元

转向装置是为实现汽车转弯所设置的。为提高驾驶员的操控性，现代汽车都采用动力转向。纯电动汽车通常采用电子控制动力转向系统（EPS）。

（3）驾驶室显示操控台

驾驶室显示操控台类似传统汽车的仪表盘，不过显示信息内容会根据电动汽车驱动的控制特点有所增减。其信息指示更多采用数字或液晶显示屏。它与前面所述的电子驱动主模块中的整车控制器结合由计算机控制。

4.2.2　纯电动汽车结构特点与工作原理

1. 传统驱动方式

传统驱动系统仍然采用内燃机汽车的驱动系统布置方式，包括离合器、变速器、传动轴和驱动桥等总成，如图 4-2-8 所示。这种驱动方式是将内燃机换成电机，离合器用于切断或接通驱动电机到车轮之间传递动力的机械装置，变速器是一套具有不同速比的齿轮机构，驾驶员可按需要选择不同的挡位，使得低速时车轮获得大转矩低转速，而高速时车轮获得小转矩高转速。由于采用了调速电机，因此变速器可相应简化，挡位数一般有 2 个就够了，倒挡也可利用驱动电机的正反转来实现。驱动桥内的机械式差速器使得汽车在转弯时左右车轮可以不同的转速行驶。这种布置方式可以提高纯电动汽车的起动转矩，增加低速时纯电动汽车的后备功率。

这种驱动系统布置形式有电机前置－驱动桥前置（F-F）、电机前置－驱动桥后置（F-R）等驱动方式。但是，F-R 驱动系统布置形式结构复杂、效率低，不能充分发挥驱动电机的性能。在此基础上，还有一种简化的传统式驱动系统布置形式，如图 4-2-9 所示，采用固定速比减速器，去掉离合器。这种驱动系统布置形式可减少机械传动装置的质量，缩小其体积。

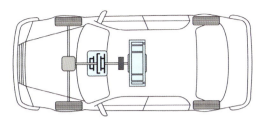
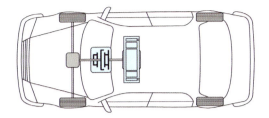

图 4-2-8　传统式驱动布置形式　　　　图 4-2-9　简化的传统式驱动布置形式

2. 电机 – 驱动桥组合式驱动系统

这种驱动系统布置形式即在驱动电机端盖的输出轴处加装减速齿轮和差速器等，电机、固定速比减速器、差速器的轴互相平行，一起组合成一个驱动整体。它通过固定速比的减速器来放大驱动电机的输出转矩，但没有可选的变速挡位，也就省掉了离合器。这种布置形式的机械传动机构紧凑，传动效率较高，便于安装，但对驱动电机的调速要求较高。按传统汽车的驱动方式来说，电机 – 驱动桥组合式驱动系统可以有驱动电机前置前轮驱动（F-F，如图 4-2-10 所示）和驱动电机后置后轮驱动（R-R，如图 4-2-11 所示）两种方式。这种驱动系统布置形式具有良好的通用性和互换性，便于在现有的汽车底盘上安装，使用和维修也较方便。

目前驱动电机前置前轮驱动被广泛应用在电动乘用汽车中，如比亚迪 e5、e2，吉利帝豪 EV450，北汽系列电动汽车等。驱动电机后置后轮驱动则广泛应用于小型电动载货汽车上。特斯拉、比亚迪唐等全时电动四驱车型采用前后桥双电机驱动形式，即在前桥和后桥上均安装了一套电机 – 驱动桥组合式驱动系统。

图 4-2-10　驱动电机前置前轮驱动

图 4-2-11　驱动电机后置后轮驱动

3. 轮毂电机分散驱动式驱动系统

轮毂电机分散驱动式驱动系统布置形式是将轮毂电机直接装在车轮轮毂上，如图 4-2-12 所示。这种驱动系统布置形式可以节省空间方便布置电池，以提高车辆的续驶里程，同时电机的扭矩响应时间比较短，扭矩的大小控制很精确。每台驱动电机的转速可独立调节控制，便于实现电子差速。这样既省去了机械差速器，也有利于提高汽车转弯时的操控性。

图 4-2-12　轮毂电机

轮毂电机主要由定子、小型逆变器、转子、轴承、悬架轴承座、铝合金轮毂等组成。在汽车上的布置方式可以有双前轮驱动、双后轮驱动和前后四轮驱动（4Wheel Drive，4WD）等模式。轮毂电机动力系统根据电机的转子型式主要分为：内转子型和外转子型两种结构。

低速外转子电机结构简单、轴向尺寸小、比功率高，能在很宽的速度范围内控制转矩，且响应速度快，电机的转速高达 1 000 r/min，最高 1 500 r/min。外转子直接和车轮相连，没有减速机构，车轮的转速与电机转速相同，因此效率高。但缺点是如要获得较大的转矩，必须增大发动机体积和质量，因而成本高、加速时效率低、噪声大。外转子轮毂电机结构如图 4-2-13 所示。

图 4-2-13　外转子轮毂电机结构

内转子轮毂电机具有转速高（转速约 10 000 r/min）的特点，因此需要装备固定传动比的减速器降低车速。一般采用高减速比行星齿轮减速装置，如图 4-2-14 所示。行星齿轮减速装置安装在电机输出轴和车轮轮毂之间，其转子作为输出轴与固定减速比的行星齿轮变速器的太阳轮相连，而车轮轮毂通常与其齿圈连接，它能提供较大的减速比，来放大其输出转矩。由于驱动电机装在车轮内，形成轮毂电机，因此缩短了从驱动电机到驱动轮的传递路径，且输入轴和输出轴可布置在同一条轴线上。高速内转子轮毂电机的优点是具有较高的比功率，质量轻，体积小，效率高，噪声小，成本低；缺点是必须采用减速装置，使效率降低，非簧载质量增大，电机的最高转速受线圈损耗、摩擦损耗以及变速机构的承受能力等因素的限制。

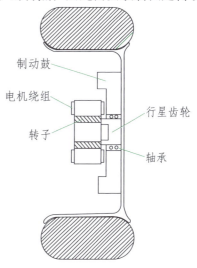

图 4-2-14　高速内转子轮毂电机

4.2.3　增程式电动汽车结构与工作原理

增程式电动汽车以提高纯电动汽车的续驶里程为目的，是在纯电动汽车的基础上增加增程器而成的。它的基本结构由增程器、动力电池、驱动电机及传动系统等组成，结构如图 4-2-15 所示。增程器通常由发动机和发电机组成，如图 4-2-16 所示。当动力电池电量不足时，通过增程器发电为驱动电机提供电能。动力电池和驱动电机的类型与其他纯电动车相同，动力电池电量充足时，为驱动电机提供电能。

增程式电动汽车工作模式可分为纯电动模式、增程模式（部分车型也称为混动模式）和制动能量回收模式。

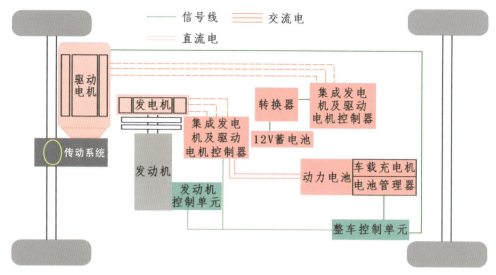

图 4-2-15 增程式电动汽车组成

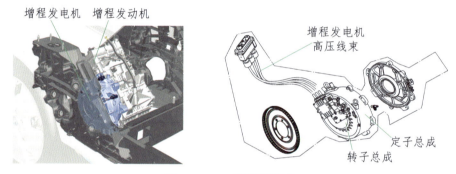

图 4-2-16 增程器组成

1. 纯电动模式

动力电池电量充足,发动机停止工作,动力电池直接提供能源给驱动电机,电机驱动车辆行驶,如图 4-2-17 所示。

2. 增程模式

动力电池电量低于整车控制要求,发动机起动,带动发电机为动力电池充电,再通过动力电池为驱动电机提供能源,驱动车辆行驶。增程式混合动力汽车发动机不直接参与动力传递,与整车传动系统没有直接连接,如图 4-2-18 所示。

3. 制动能量回收模式

当车辆制动时,驱动电机回收车辆多余动能,将动能转化为电能。此时驱动电机作为发电机使用,向动力电池充电,这样既可以达到增加制动力的效果,又可以实现动力电池电能的补充,如图 4-2-19 所示。

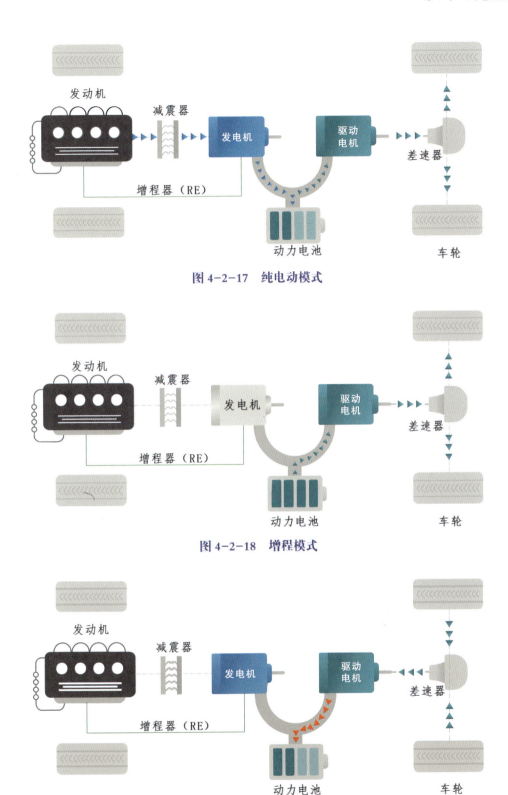

图 4-2-17　纯电动模式

图 4-2-18　增程模式

图 4-2-19　制动能量回收模式

4.2.4 纯电动汽车车型实例

1. 日产聆风

日产聆风为五门五座掀背轿车，由层叠式紧凑型锂离子电池驱动，全球销量已超过30万辆。

（1）动力电池

扁平的锂离子动力电池位于底板下，动力电池配备了所需的装置，如除蓄电池储备电源外，还有锂离子电池控制器、蓄电池接线盒和维修开关等。动力电池安装位置及结构如图4-2-20所示。

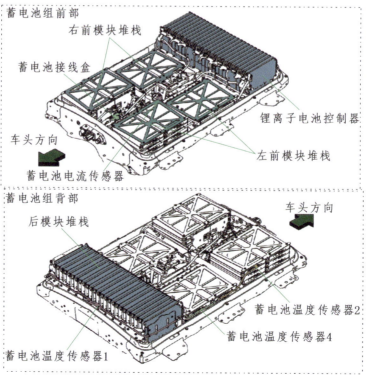

图4-2-20 动力电池安装位置及结构

四个电池单体集成一个电池模块,动力电池由 48 个串联的电池模块组成,如图 4-2-21 所示。

图 4-2-21　动力电池的组成

每个电池模块由两个平行连接的分电池串联组成,如图 4-2-22 所示。整个动力电池共有 96 个平行连接的分电池对串联在一起。

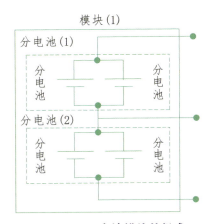

图 4-2-22　电池模块的组成

整个动力电池内部分为左前组、右前组和后组,彼此通过导线连接在一起,如图 4-2-23 所示。

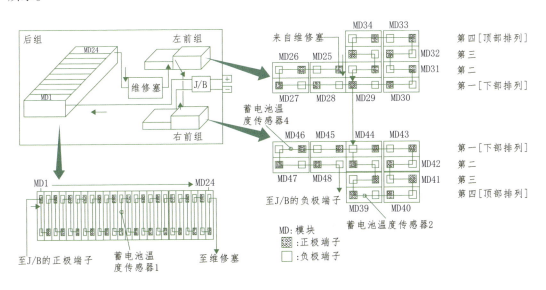

图 4-2-23　动力电池的连接方法

动力电池管理系统包含在蓄电池组中并安装在后组模块表面左侧。

动力电池管理系统是动力电池控制的核心。动力电池管理系统检测动力电池的电压和电流、各模块的温度,以及各分电池的电压以判断充电状态。动力电池管理系统同样计算可能的输入/输出值、仪表指示值和可充电值,并发送该数据至VCM(车辆控制模块)。VCM根据蓄电池状态控制车辆。

动力电池电流传感器外观如图4-2-24所示。

维护开关安装在蓄电池组上表面,外观如图4-2-25所示。当踏脚处安装的维护开关盖拆下时,可以拆下塞子。拆卸和安装维护开关时,务必佩戴绝缘保护装置。

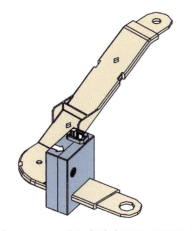

图4-2-24 动力电池电流传感器外观

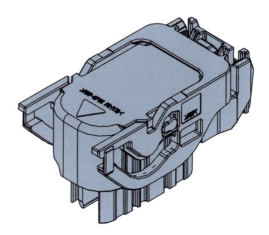

图4-2-25 维护开关外观

(2)驱动电机

驱动电机包括内埋式永磁同步电动机(IPMSM),该电动机具有紧凑、轻型、高输出以及高效率的优点。

电机控制器由驱动器、平流电容器、2个电流传感器和电源模块组成。

电机控制器接收来自牵引电机分解器的转子旋转角度信号和来自电流传感器的牵引电机电流值信号,产生驱动IGBT(绝缘栅双极型晶体管)的脉冲信号。

电机控制器通过牵引电机温度传感器来检测牵引电机温度,并根据牵引电机中的热量级别限制输出扭矩(保护控制),如图4-2-26和图4-2-27所示。

电动车单速变速箱如图4-2-28所示。

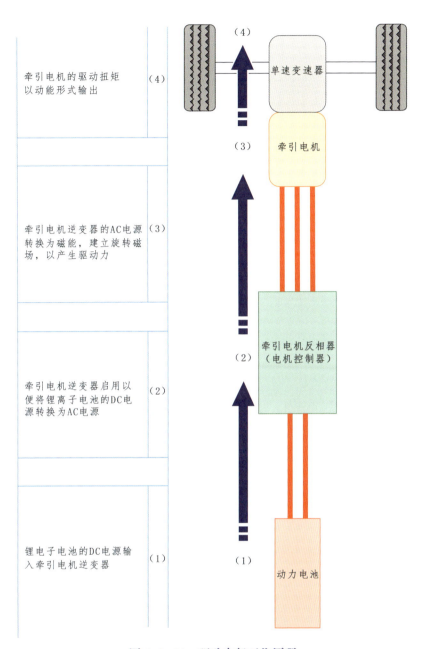

图 4-2-26 驱动电机工作原理

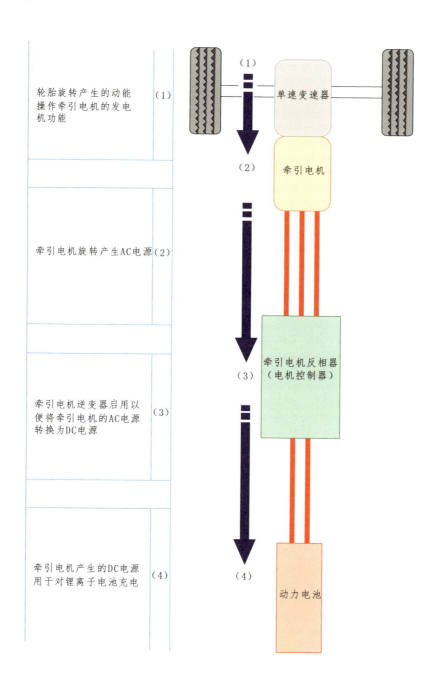

图 4-2-27　能量再生制动

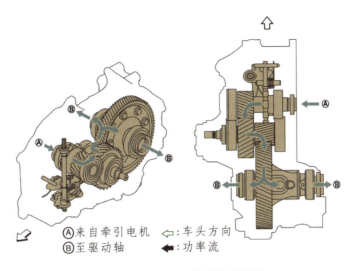

Ⓐ来自牵引电机　⇐：车头方向
Ⓑ至驱动轴　　　⬅：功率流

图 4-2-28　电动车单速变速箱

2. 比亚迪 e5

比亚迪 e5 是一款纯电动轿车，主要由低压配电系统、高压电器系统、动力系统、冷却系统、制动及转向系统组成。

（1）动力电池

动力电池是为整车提供动力能源的设备，是电动汽车的心脏，比亚迪 e5 纯电动汽车采用磷酸铁锂电池。磷酸铁锂电池是用磷酸铁锂材料作电池正极的锂离子电池。

比亚迪 e5 纯电动汽车的动力电池采用 13 个电池组串联，其额定电压约 633.6 V。比亚迪 e5 纯电动汽车动力电池参数如表 4-2-1 所示。

表 4-2-1　比亚迪 e5 纯电动汽车动力电池参数

磷酸锂铁电池	参数
电池包容量	75Ah
额定电压	633.6V
储存温度	-40℃ ~ 40℃，短期储存（3 个月）20% ≤ SOC ≤ 40%
	-20℃ ~ 35℃，长期储存（< 1 年）30% ≤ SOC ≤ 40%
质量	≤ 490 kg

（2）动力总成系统

动力总成系统由驱动电机和变速器组成。

比亚迪纯电动汽车现在使用的驱动电机为交流无刷永磁同步电机，通过采集电机旋变信号进行工作。动力电机额定功率 80 kW，最大输出转矩 310 N·m，电机由转子、定子、旋变传感器及温度传感器组成，电机采用水冷方式。电机驱动汽车前进后退，也可以在滑行、制动过程中将动能转化为电能。比亚迪 e5 驱动电机组成如图 4-2-29 所示。

图 4-2-29　比亚迪 e5 驱动电机组成

比亚迪 e5 车型的冷却系统由电动水泵提供动力，低温冷却液通过冷却管路由散热器流向待散热元件（电机控制器、DC/DC、电机），冷却液在待散热元件处吸收热量后，再通过冷却管路流经散热器进行散热，之后进行下一个循环。电子风扇总成采用吸风式双风扇，通过串联调速电阻的方式来实现风扇的高低速挡分级，从而降低风扇的噪声，提高整车舒适性。

因为电机可提供较大有效转速范围，所以纯电动汽车的变速器只需要一个挡位，即只有一个固定传动比。转速为零时内燃机不提供转矩，而电机则完全不同：从零转速起便开始提供较高转矩，因此纯电动汽车的变速器也不需要离合器来进行起步或更换挡位。

（3）高压控制系统总成

比亚迪 e5 高压控制总成采用集成方式，分别包含双向交流逆变式电机控制器（VTOG）、高压配电箱和漏电传感器、车载充电器（预留）、DC/DC 转换器。比亚迪 e5 高压控制器外貌如图 4-2-30 所示。

图 4-2-30　比亚迪 e5 高压控制器外貌

（4）电池管理系统

比亚迪 e5 纯电动汽车动力电池管理器作为监控动力电池、保证电池组正常工作的监控单元而存在，主要目的是保证每节串联电池的电压、电流、温度等各项性能指标的一致性。

电池的原理像木桶效应，某一节成为短板的话，所有电池性能都将按照这一节性能计算，这对电池可靠性提出极高的要求。为了防止过充、过放、过温等一系列影响单节电池性能的问题出现，通过电池管理单元进行监控，时时保证电池工作在正常工作状态下。

动力电池管理器是纯电动汽车动力控制部分的核心，负责整车电动系统的电力控制并实时监测高压电力系统的用电状态，采取保护措施，保证车辆安全行驶。比亚迪 e5 纯电动汽车的电池管理器安装在车辆的后部，同时高压配电箱还与其配合。

（5）充电口总成

比亚迪 e5 纯电动汽车配有两个充电口，大的充电口可用于直流快充，小的充电口可通过家用 220 V 插座和交流充电柜接入，再通过车载充电设备将高压交流电转为高压直流电给动力电池充电。比亚迪 e5 充电口总成如图 4-2-31 所示。

图 4-2-31　比亚迪 e5 充电口总成

3. 吉利帝豪 EV450

吉利帝豪 EV450 是一款纯电动轿车，全国职业院校技能大赛指定用车。

（1）动力电池

吉利帝豪 EV450 动力电池采用三元锂电池：以钴酸锂、锰酸锂或镍酸锂等化合物为正极，以可嵌入锂离子的碳材料为负极，使用有机电解质。动力电池总成安装在车体下部，动力电池的组成部件包括：各模组总成、CSC 采集系统、电池控制单元（BMU）、电池高压分配单元（B-BOX）维修开关等部件。

电池组额定电压为 346 V，峰值功率为 150 kW，额定功率为 50 kW，电池容量为 150 Ah。吉利帝豪 EV450 动力电池安装位置如图 4-2-32 所示。

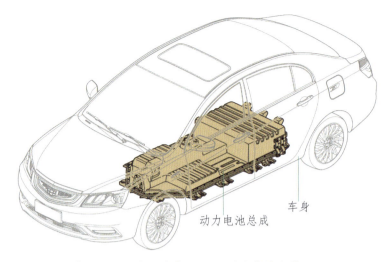

图 4-2-32　吉利帝豪 EV450 动力电池安装位置

（2）高压配电盒（集成在车载充电机内）

高压配电盒的作用类似于低压供电系统中的保险丝盒，高压配电盒功能包括高压电的分配和高压回路的过载及短路保护。吉利帝豪高压配电盒内部框图如图 4-2-33 所示。

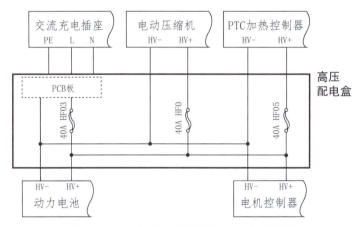

图 4-2-33　吉利帝豪高压配电盒内部框图

高压配电盒将动力电池总成输送的电能分配给电机控制器、空调压缩机和 PTC 加热器。此外，交流慢充时，充电电流也会经过分线盒流入动力电池为其充电。

高压配电盒内对电动压缩机回路、PTC 加热器回路、交流慢充回路各设有一个 40 A 的熔断器。当上述电流超过 90A 时，熔断器会在 15 s 内熔断；当电流超过 150 A 时，熔断器会在 1 s 内熔断，保护相关电路。

吉利帝豪 EV450 采用永磁同步电机，电机参数：额定功率 42 kW、额定转矩 105 N·m、峰值转速 12 000 r/min、峰值转矩 250 N·m、重量 55 kg。

电机控制器内包含 1 个 DC/AC 逆变器和 1 个 DC/DC 直流转换器，逆变器由 IGBT、直流母线电容、驱动和控制电路板等组成，实现直流与交流之间的转化。直流转换器由高低压功率器件、变压器、电感、驱动和控制电路板等组成，实现直流高压向直流低压的能量传递。

4. 北汽 EV 系列

北汽 EV 系列电动汽车身材灵巧，很适合穿梭在拥堵的城市中。早期的 EV150 采用磷酸铁锂动力电池，额定电压为 320 V，同步驱动电机，最高车速可达 120 km/h。北汽 EV150 电动汽车主要有动力电池、驱动电机、电动车单速变速器、电机控制器、高压控制盒、整车控制器等组成。北汽 EV200 采用永磁同步电机作为驱动电机。

北汽 EV200 驱动电机系统连接如图 4-2-34 所示，动力电池外观如图 4-2-35 所示，北汽 EV 动力电池安装位置如图 4-2-36 所示。

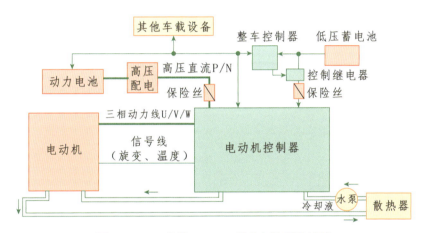

图 4-2-34　北汽 EV200 驱动电机系统连接

图 4-2-35　动力电池外观

图 4-2-36　北汽 EV 动力电池安装位置

北汽EV200电动汽车高压配电系统以高压控制盒为核心,完成动力电池的输出及分配,实现对支路用电器的保护和切断。北汽EV200高压控制盒安装在前机舱内,同时前机舱内还安装有电机控制器、DC/DC、车载充电机等高压部件。电机控制器、DC/DC、车载充电机和高压控制盒外貌如图4-2-37所示。

图 4-2-37　电机控制器、DC/DC、车载充电机和高压控制盒外貌

高压控制盒外围插接器有快充插接器、低压插接器、高压附件插接器、动力电池插接器和电机控制器插接器,如图4-2-38所示。高压控制盒内部结构如图4-2-39所示。

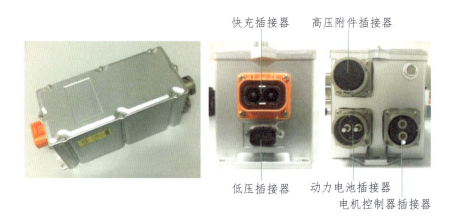

图 4-2-38　高压控制盒外围插接器

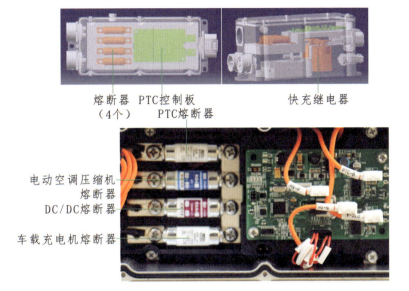

图 4-2-39 高压控制盒内部结构

第 5 章 插电式混合动力汽车

【学习目标】

1. 掌握插电式混合动力汽车结构与原理
2. 认识插电式混合动力汽车其他车型

【导语】

在汽车发展中,纯电动汽车存在着一些问题,这也造成了纯电动汽车无法大规模地应用的局面。而随着人们保护环境意识的增强,传统燃油汽车的发动机油耗、排放面临巨大压力,混合动力汽车慢慢出现。

通过本章的学习,了解插电式混合动力汽车及其车型和结构原理。

混合动力汽车（Hybrid Electric Vehicle，HEV）是传统内燃机汽车和电动汽车的有效组合。它既有电动汽车低排放的优点，还保持了化石燃料比能量和比功率高的优势，因而能显著改善传统内燃机汽车的排放和燃油经济性，增加电动汽车的续驶里程，在由燃油汽车向纯电动汽车的转变过程中起着承上启下的作用，并在一定时间内占据了相当的市场份额。

HEV是电动汽车的一种。一般电动汽车可分为混合动力汽车、燃料电池汽车和纯电动汽车三大类。混合动力汽车是指车上装有两个以上的动力源（包括有电动机驱动），符合汽车道路安全法规的汽车。国际电工委员会（International Electro Technical Commission，IEC）所属电动汽车技术委员会对混合动力汽车的定义为：有多于一种能量转换器能提供驱动力的混合型电动汽车。

混合动力汽车标准与纯电动汽车标准有些是共用的，混合动力汽车相关标准如表5-1-1所示。

表 5-1-1　混合动力汽车相关标准

标准代号	标准名称	标准内容及适用范围
GB/T 19750-2005	混合动力电动汽车定型试验规程	规定了混合动力电动汽车新产品设计定型试验的实施条件、试验项目、试验方法、判定依据和试验报告的内容，适用于混合动力电动汽车
GB/T 19751-2005	混合动力电动汽车安全要求	规定了M_1类混合动力电动汽车特殊的安全要求，适用于车载电路的最大工作电压低于660 V（AC）或1 000 V（DC）的M_1类混合动力电动汽车，其他类混合动力电动汽车可参照执行
GB/T 19752-2005	混合动力电动汽车动力性能试验方法	规定了混合动力电动汽车动力性能试验方法；适用于M_1、M_2、M_3、N_1、N_2、N_3型的混合动力车辆
GB/T 19755-2005	轻型混合动力电动汽车污染物排放测量方法	规定了装用点燃式发动机轻型混合动力电动汽车冷起动后排气污染物排放、曲轴箱气体排放、蒸发排放的测量方法，以及装用压燃式发动机的轻型混合动力电动汽车冷起动后排气污染物排放的测量方法，适用于装用点燃式发动机或压燃式发动机最大设计车速大于或等于50 km/h的轻型混合动力电动汽车

续表

标准代号	标准名称	标准内容及适用范围
QC/T 837–2010	混合动力电动汽车类型	规定了混合动力电动汽车的类型及定义，适用于混合动力电动汽车
QC/T 894–2011	重型混合动力电动汽车污染物排放车载测量方法	规定了混合动力电动汽车在底盘测功机或场地上进行车载排放试验的试验方法，适用于最大总质量超过 3 500 kg 的混合动力电动汽车
QC/T 926–2013	轻型混合动力电动汽车（ISG 型）用动力单元可靠性试验方法	规定了轻型混合动力电动汽车（ISG 型）用动力单元可靠性的试验方法，适用于 M_1 类、N_1 类和最大设计总质量不超过 3 500 kg 的 M_2 类及混合动力电动汽车（ISG 型）用动力单元
GB/T 19753–2013	轻型混合动力电动汽车能量、消耗量试验方法	规定了装用点燃式发动机或压燃式发动机的轻型混合动力电动汽车能量、消耗量的试验方法，适用于装用点燃式发动机或压燃式发动机的、最大总质量不超过 3 500 kg 的 M_1 类、M_2 类和 N_1 类混合动力电动汽车
GB/T 19754–2015	重型混合动力电动汽车能量、消耗量试验方法	规定了重型混合动力电动汽车在底盘测功机或道路上进行能量、消耗量试验的试验方法，适用于最大总质量超过 3 500 kg 的混合动力电动汽车

5.1 混合动力汽车类型

混合动力系统有多种分类方式。依据动力混合方式的不同，混合动力系统可以分为串联式、并联式和混联式三种类型；依据动力混合程度的不同，混合动力系统还可以分为弱混合动力、轻度混合动力、中度混合动力、重度混合动力和插电式混合动力。

5.1.1 串联式混合动力汽车

如图 5-1-1 所示，串联式混合动力系统由发动机、发电机、电机控制器、电动机和动力电池组成。其工作原理为，由发动机带动发电机发电，所产生的电能通过电机控制器提供给电动机，再由电动机转化为动能后驱动车辆。动力电池对发电机产生的电能和电动机需要的电能进行调节，从而保证车辆在各种行驶工况下的功率需求。串联式混合动力系统的特点是通过电方式实现动力耦合，电机控制器也是动力耦合器。系统中有两个电源，即动力电池和发电机，这两个电源通过电机控制器并联在回路中。动力以串联的形式由发电机/电池流向电动机，所以称为串联式混合动力系统。

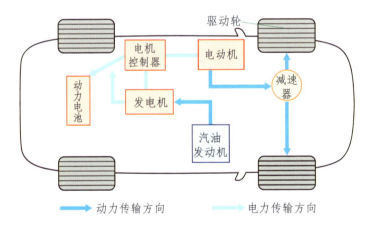

图 5-1-1　串联式混合动力汽车组成

1. 串联式混合动力系统优点

① 发动机工作状态不受车辆行驶工况的影响，能够始终在最佳的效率区域内稳定运行，因此具有良好的经济性和较低的排放性能。

② 发动机与驱动电机之间无机械连接，整车结构布置的自由度较大。各种驱动系统元件可以放在最适合于它的车辆位置，如在低地板公交车上，可以将发动机—发电机组装在尾部或其他部位并采用电动轮驱动方式，从而降低地板高度。

③ 由于驱动电机的功率较大，制动能量回收的潜力大，从而提高能量的利用效率。

2. 串联式混合动力系统缺点

① 发动机产生的能量经过两次能量转换才到达驱动轮，能量损失多，效率低。
② 发电机的使用增大了车辆的质量和成本。
③ 由于电动机是驱动车辆的唯一动力源，因此为了满足车辆的加速和爬坡等性能要求，其尺寸较大。

根据以上特点，串联式混合动力电动汽车更适用于市内低速运行的工况，而不适合高速公路行驶工况。

5.1.2 并联式混合动力汽车

如图 5-1-2 所示，并联式混合动力系统由发动机、变速器、驱动电机、电机控制器和动力电池组成，其中电机既可为车辆提供动力输出，也可作为发电机使用。采用并联式混合动力系统的汽车有两套独立的驱动系统，即发动机驱动系统和电机驱动系统。车辆的驱动力由发动机和驱动电机同时或单独供给两套动力系统，既可以同时协调工作，也可以各自单独工作来驱动汽车。两套动力系统同时工作时，以机械方式实现动力耦合，动力的流向为并联，所以称为并联式混合动力系统。

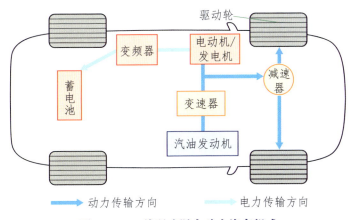

图 5-1-2　并联式混合动力汽车组成

1. 并联式混合动力系统基本工作模式

① 内燃机辅助混合动力模式主要利用动力电池和驱动电机系统来驱动车辆，仅当以较高的巡航速度行驶、爬坡和急加速时才使用内燃机。
② 驱动电机辅助混合动力模式主要利用内燃机来驱动车辆，驱动电机仅在两种状态下使用。一是用于瞬间加速或爬坡等需要峰值功率的工况，可使内燃机在最高效率区间工作，以降低排放和减少燃油消耗；二是在车辆减速制动时，驱动电机被用来回收车辆的动

能（再生制动）对动力电池进行充电。

2. 并联式混合动力系统的优点

① 发动机的动力可以直接用来驱动车辆，没有能量转换，能量损失小。

② 电机既可以驱动车辆行驶，也可以作为发电机使用，并且可以采用较小的功率，能够降低成本。

3. 并联式混合动力系统的缺点

① 由于发动机和驱动轮间采用了传统的机械连接，因此发动机的工作点（燃油油耗与动力性能平衡点）不可能总处于最佳区域，发动机的效率得不到充分发挥，需要搭载变速器，且适合搭载自动变速器。

② 混合度较低，不利于向插电式混合动力过渡。

5.1.3 混联式混合动力汽车

混联式（串、并联式）混合动力电动汽车（Parallel-Series Hybrid Electric Vehicle，PSHEV）。

1. 混联式混合动力汽车动力系统的主要组成

混联式混合动力汽车动力系统兼备串、并联混合动力汽车的功能。PSHEV 由驱动电机、发动机、HV 蓄电池、发电机、逆变器、动力分配装置、电子控制单元、驱动桥等组成，工作时机械能和电能的流动方向如图 5-1-3 所示。

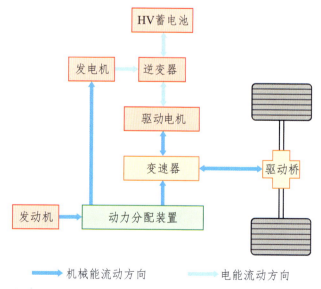

图 5-1-3　混联式混合动力汽车工作时机械能和电能流向

典型的 PSHEV 动力传动系统布置方案如图 5-1-4 所示，在该系统上既装有电动机又装有发电机，具备串、并联结构各自的特点。如图 5-1-4（a）所示的开关式结构通过离合器的接合与脱离来实现串联分支与并联分支间的相互切换。离合器分离，切断了发动机和电动机与驱动轮的机械连接，系统以串联模式运行；离合器接合，使发动机与驱动轮机械连接，系统以并联模式运行。如图 5-1-4（b）所示的分路式结构中，串联分支与并联分支都始终处于工作状态，而由行星齿轮传动在串联分支和并联分支间进行发动机输出能量的合理分配。

此结构可通过驱动电机对串联分支实施各种各样的控制，同时又可通过并联分支来维持发动机与驱动轮间的机械连接，最终实现对发动机的转速控制。

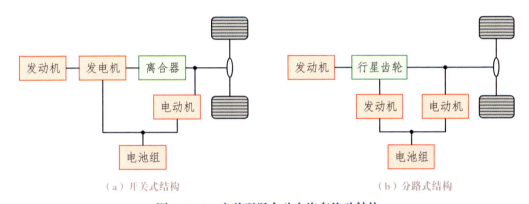

（a）开关式结构　　　　　　　　　　　（b）分路式结构

图 5-1-4　串并联混合动力汽车传动结构

丰田 Prius 单桥驱动的 PSHEV 的动力系统，其显著特点是装备了行星齿轮动力分配装置，又称为功率分配式混合动力系统。该车在结构上综合了串联式和并联式的特点，与串联式相比，它增加了机械动力传动系统；与并联式相比，它增加了电力驱动传动系统，尽管功率分配式混合动力汽车同时具备串联式和并联式的优点，但其结构复杂，且成本高。

通过行星齿轮系统组成的动力分配装置将整个系统耦合在一起，根据行驶工况灵活采用串联式或并联式，以实现效率最高、污染排放物最低的目标。一般控制策略是起步或低负荷行驶时用电池电能驱动；匀速行驶时由发动机提供动力；加速行驶时发动机与电池共同提供动力；停车或滑行时，发动机带动发电机向电池充电；制动和减速时通过能量回收系统向电池充电。功率分配式兼有串联和并联的特点，但是系统控制复杂。不过随着控制技术和制造技术的发展，一些现代混合动力汽车更倾向于选择这种结构。

2.混联式混合动力汽车的驱动模式及特点

混联式混合动力汽车的主要结构特点是具有功率分配装置，它根据汽车行驶工况对发动机功率中用于直接驱动汽车的功率和用于发电的功率的比例进行分配。如图 5-1-5 所示，汽车正常行驶时，发动机的功率全部用于直接驱动汽车行驶；汽车全负荷、加速行驶时，发动机与蓄电池共同提供动力驱动汽车行驶；汽车停车或滑行时，发动机的功率全部用于驱动发电机向动力电池充电。

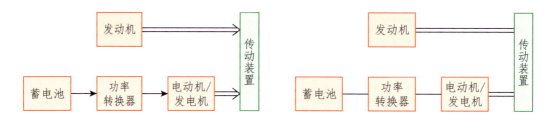

图 5-1-5　混联式混合动力汽车的驱动模式

混联式混合动力汽车兼有 SHEV 和 PHEV 的优点，可以组合成多种形式的驱动模式，发动机、电动机/发电机和驱动电机的功率可以是 PSHEV 总功率的 1/3~1 倍，车辆的整备质量可以降低，而且性能更加完善，经济性更好，在动力性能方面接近和达到内燃机汽车的水平，有害气体的排放更少，达到"超低污染"的标准要求。

混联式混合动力汽车的主要优点有 4 个：其一是各个动力总成的功率和体积小、质量轻，节能且有害气体的排放少；其二是可以选择较小功率发动机，使汽车的燃料经济性提高；其三是综合能量转换效率高；其四是具有电动机独立驱动的模式，可以在城市中实现"零污染"行驶，并可在汽车起步时充分发挥电动机低速大转矩的特性。

混联式混合动力汽车的主要缺点：需要配备两套驱动系统，发动机传动系统除需要装备离合器、变速器、传动轴和驱动桥等传动总成外，还需要电动机/发电机、驱动电机、减速器、动力电池组以及为协调发动机驱动力与驱动电机驱动力的专用装置；并且必须装配一个复杂的多能源动力总成控制系统，否则无法达到高的经济性和"超低污染"的控制目标。因而动力控制系统结构复杂、总布置困难、成本增大。

5.2 插电式混合动力汽车

插电式混合动力汽车（PHEV）本身是一种混合动力汽车，区别在于其车载的动力电池可以利用电力网（包括家用电源插座）进行补充充电，具有较长的纯电动行驶里程，必要时仍然可以工作在混合动力模式。因此，与混合动力汽车相比，它具有较大容量的动力电池、较大功率的电机驱动系统以及较小排量的发动机。与传统的混合动力车辆主要能量来源于燃料不同，插电式混合动力汽车主要使用电能运行，而发动机只是作为辅助动力系统，因此，大大减少了车辆对燃油的依赖性，达到更加环保和节能的效果。

当然插电式混合动力汽车的驱动力主要也包括两个来源，分别为电机和内燃机，它可以单独或一起给汽车提供动力。动力电池的能量主要来自公共电网，充电后的动力电池电机供电实现车辆运转。插电式混合动力汽车在城区工况行驶时速低于 40 km/h（或某一特定值）时或在车辆滑行状态，车辆完全以电力驱动；而当动力电池电量低于某一标准值（例如电量降低到 20%）时，或加速、爬坡行驶状态等大负荷需求情况下，发动机开始工作，以提供额外的动力维持车辆的行驶。插电式混合动力汽车一般带有制动能量回收装置，使制动能转换成电力储存在动力电池中，从而进一步降低油耗。插电式混合动力汽车的电池容量一般可达 6~10 kW·h，是纯电动汽车动力电池容量的 30%~50%，是一般混合动力汽车电池容量的 3~5 倍，可以说它是介于混合动力汽车与纯电动汽车之间的一种过渡性产品。虽然插电式混合动力汽车的购买价格较传统轿车和混合动力轿车略高（1.2 倍），但由于外接动力电池的高容量、制动能量回收等新技术的应用，使得车辆在城区内行驶可以基本实现零排放，燃油经济性也比普通汽车提高了 2~5 倍。插电式混合动力汽车需要的动力电池容量取决于布置空间的大小。如果动力电池较小，那么插电式混合动力汽车的成本就较低；反之，如果动力电池较大，车辆的成本就会增加，充电时间也较长。

5.2.1 插电式混合动力汽车结构与原理

插电式混合动力汽车动力电池可以直接从外接电源（包括家用 220 V 电源）充电。从这点上看，它像一辆纯电动汽车，通常优先在纯电动模式下独立行驶，一般由外接公共电网电源充电补充电能。因此，可利用夜间低谷电对动力电池充电，改善电厂发电机组运行效率，节约能源，减少混合动力汽车尾气排放，净化城市空气质量，降低汽车对石油燃料的依赖，减少汽车日常的使用成本。而传统混合动力汽车一般不能外接电源充电，要依赖车载燃料的消耗来补充动力电池的电能。

　　插电式混合动力汽车有一定能量的动力电池，在纯电动模式下独立行驶，有一定的纯电动续驶里程，比如几十千米。而传统混合动力电动汽车，即使是"强混"车型，动力电池能量较小，只有起动和低速时是纯电驱动，加速和高速时发动机和电动机共同驱动，发动机为主要驱动力。

　　插电式混合动力汽车驱动电动机功率和转矩比较大，与纯电动汽车的电动机相同或略小，在纯电动模式下足以完成汽车起动、加速、爬坡等各种工况行驶。而传统混合动力汽车电动机功率和转矩小，在汽车加速、爬坡等工况行驶时是靠电动机和发动机共同完成的。

　　插电式混合动力汽车续驶里程长，可达 400~500 km。在长途行驶状况下，优先在纯电动模式下行驶，在动力电池的荷电状态 SOC 降到一定限值时，切换到混合动力模式下行驶，发动机直接驱动汽车行驶或者拖动发电机发电供电动机驱动汽车，并补充动力电池电能。这使得它不依赖充电站停车充电，特别是在目前国内充电站设施很不完备的情况下，可连续长途行驶；即使国内充电站设施分布密集，电动汽车快速充电也需要几十分钟停车充电等待时间。这是插电式混合动力车最突出的优点，它与传统汽车续驶里程相同。这也克服了纯电动汽车受动力电池能量限制，续驶里程短的弊病。

　　插电式混合动力汽车纯电动行驶时是零排放，而对传统内燃机汽车来说怠速等待、低速行驶、时走时停，这将导致燃油燃烧不完全，汽车尾气排放的污染物数倍增加，严重污染环境。如图 5-2-1 所示为插电式混合动力汽车结构。

图 5-2-1　插电式混合动力汽车结构

5.2.2 插电式混合动力汽车类型

1. 串联式

串联式混合动力汽车通常称为增程式混合动力汽车。串联式混合动力汽车结构原理如图 5-2-2 所示。其结构特点为：纯电动+增程器，汽车车轮仅由电动机独立驱动，增程器可以是发动机—发电机组。发动机—发电机组发电直接供给电动机驱动汽车，同时发出的多余电量给动力电池充电；增程器还可以是燃料电池等。纯电动模式下，增程器不工作；混合动力模式下，增程器起动运行，发动机—发电机组可以保持在发电量与燃油经济性平衡的最佳运转状态下运行发电，油耗省，发动机排放污染少，取得最佳经济效益，以最省油的方式延长了续驶里程。

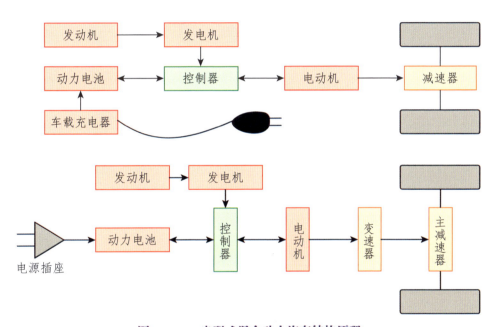

图 5-2-2 串联式混合动力汽车结构原理

2. 并联式

并联 PHEV 结构原理如图 5-2-3 所示。其结构特点为：两套动力源通过耦合器驱动汽车车轮，一套是电动机、控制器和动力电池系统，另一套是燃油发动机。两套动力系统可分别单独运行，也可混合驱动。

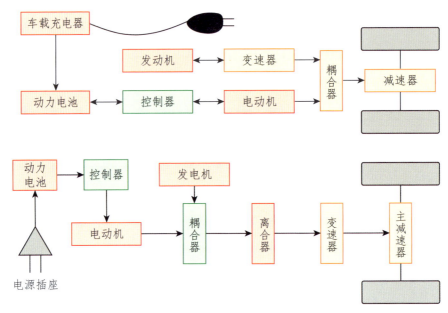

图 5-2-3 并联 PHEV 结构原理

3. 混联式

混联 PHEV 结构原理如图 5-2-4 所示。其结构特点既有串联也有并联，兼顾了串联与并联的优点，但结构较为复杂。行驶时优先使用纯电动模式；在动力电池的荷电状态降到一定限值时，切换到混合动力模式下行驶。在混合动力模式下，起动、低速时使用串联系统的发电机发电，电动机驱动汽车车轮行驶，加速、爬坡、高速时使用并联系统，主要由发动机驱动汽车车轮行驶。发动机多余能量可带动发电机发电以给动力电池充电。

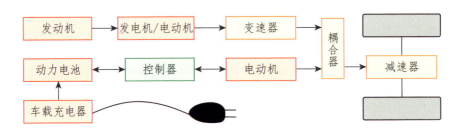

图 5-2-4 混联 PHEV 结构原理

4. 插电式混合动力汽车工作模式

根据动力电池SOC的变化特点，插电式混合动力汽车的工作模式可分为电量消耗模式、电量保持模式和常规充电模式三种。

（1）电量消耗模式

此模式又分为电量消耗—纯电动模式和电量消耗—混合动力模式两种。在电量消耗—纯电动模式中，发动机关闭，动力电池是唯一的能量源，SOC会逐渐降低。该模式适合于起动、低速和低负荷等工况。

在电量消耗—混合动力模式中，发动机和电动机同时工作，动力电池提供整车功率需求的主要部分，SOC 也会降低，发动机用来补充动力电池输出功率不足的部分，直至 SOC 达到所允许的最低限值。该模式适合于加速、大负荷等工况。

（2）电量保持模式

在电量保持模式下，插电式混合动力汽车的工作模式与基本型混合动力汽车的工作模式类似，发动机通过发电机给动力电池充电以维持 SOC 基本不变。

（3）常规充电模式

常规充电模式就是用电网通过车载充电器给动力电池组充电。

5.2.3 插电式混合动力汽车车型实例

1. 比亚迪唐

比亚迪唐是比亚迪旗下一款中型 SUV，包含燃油车型、插电式混合动力车型和纯电动车型。插电式混合动力车型搭载 2.0 T 缸内直喷涡轮增压发动机，同时还搭载了比亚迪第三代 DM 技术，采用前后桥双电机组成全时四驱系统。比亚迪唐纯电动续驶里程有 80 km（ST80 车型）和 100 km（ST100 车型）两种。

（1）动力电池及动力电池管理器

ST80/100 的动力电池系统由 5 个动力电池模组、5 个动力电池信息采集器、动力电池串联线、动力电池托盘、动力电池包密封罩、动力电池采样线等组成。两种车型动力电池外观组成相同，动力电池电压区别主要是内部一组动力电池模组电池单体数量的差别。

ST80 动力电池共 168 节单体（4 个 36 串模组 +1 个 24 串模组），额定总电压为 604.8 V，总电量为 19.9 kW·h。动力电池模组组成如图 5-2-5 所示。

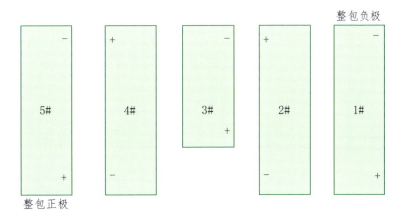

图 5-2-5　ST80 车型动力电池模组组成

ST100 动力电池共 180 节单体（5 个 36 串模组），额定总电压为 648 V，总电量为 23.97 kW·h。动力电池模组组成如图 5-2-6 所示。

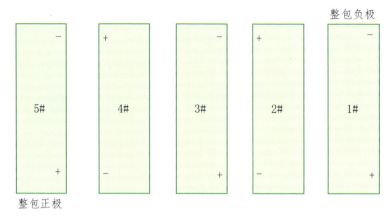

图 5-2-6　ST100 车型动力电池模组组成

ST80 车型动力电池 4 个 36 串模组中每个模组内部包含 36 个电压传感器和 4 个或 6 个温度传感器；24 串模组中包含 24 个电压传感器和 4 个温度传感器，以实时监控动力电池模组电压和温度变化。动力电池模组与 BMS 通信转换模块以及分压接触器、负极接触器、漏电传感器、电池管理器、电流传感器、主接触器和预充接触器一起封装成动力电池，如图 5-2-7 所示。

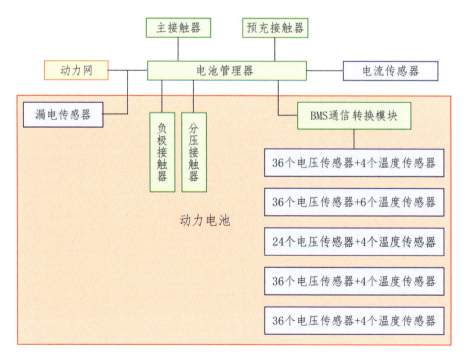

图 5-2-7　ST80 车型动力电池内部组成

ST100 车型动力电池内部结构与 ST80 车型基本相同，如图 5-2-8 所示。

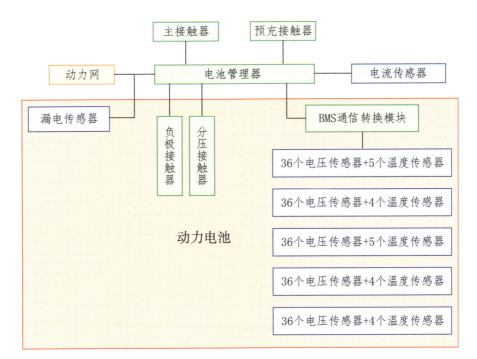

图 5-2-8　ST100 车型动力电池内部结构

比亚迪唐 DM 车型采用分布式动力电池管理系统，由 1 个动力电池管理器、1 个通信转换模块、5 个动力电池信息采集器及相应的采样通信线束组成。动力电池管理器的主要功能有充放电管理、接触器控制、功率控制、动力电池异常状态报警和保护、SOC/SOH 计算、自检以及通信功能等；通信转换模块和动力电池信息采集器的主要功能有动力电池电压采样、温度采样、动力电池均衡、采样线异常检测等。动力电池管理器安装在副仪表台配电箱下方的地板上，如图 5-2-9 所示。

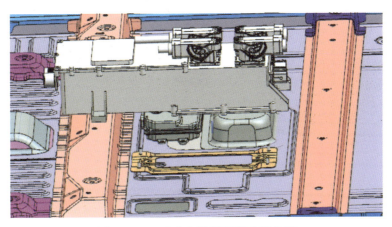

图 5-2-9　动力电池管理器安装位置

5个动力电池信息采集器分别位于动力电池内部每个动力电池模组的前后端，ST100车型动力电池信息采集器位置如图5-2-10所示。

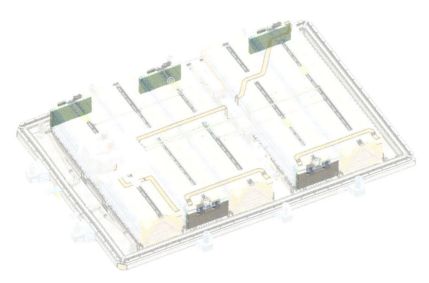

图5-2-10　ST100车型动力电池信息采集器位置

（2）驱动电机

比亚迪唐DM前后电机均采用永磁同步电机，分别安装在前后驱动桥，组成全时电四驱，如图5-2-11所示。前后电机基本参数如表5-2-1所示。

图5-2-11　比亚迪唐前后电机安装位置

表 5-2-1　比亚迪唐 DM 前后电机参数

类型	项目	参数	类型	项目	参数
前电机	最大输出功率	110 kW	后电机	最大输出功率	180 kW
	最大输出扭矩	250 N·m		最大输出扭矩	380 N·m
	最大输出转速	12 000 r/min		最大输出转速	12 000 r/min
	冷却方式	水冷		冷却方式	水冷
	重量	51 kg		重量	68 kg

（3）BSG 电机

比亚迪唐 DM 车型搭载的 BSG 电机带起停、发电功能，能够起停发动机，并且能够在怠速运行情况下根据策略要求进行发电，维持整车电平衡。BSG 电机使用转换支架与发动机机体连接，通过传动皮带与发动机曲轴皮带轮连接，如图 5-2-12 所示。

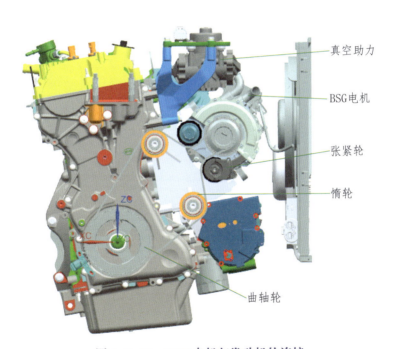

图 5-2-12　BSG 电机与发动机的连接

BSG 电机控制器是控制 BSG 电机的装置，由输入输出接口电路、驱动电机控制电路和驱动电路组成，主要功能是控制 BSG 电机来给整车发电或起动发动机，同时包括 CAN 通信、故障处理、在先 CAN 读写、与其他模块配合完成整车的工作要求以及自检等功能。BSG 电机控制器安装位置及外观如图 5-2-13 所示。

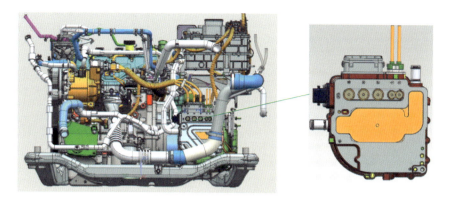

图 5-2-13　BSG 电机控制器安装位置及外观

（4）高压配电系统

高压配电系统是以高压配电箱为核心，通过对接触器的控制来实现动力电池的高压直流电供给整车高压电器，以及接收车载充电机的直流电来给动力电池充电；同时包含其他的辅助检测功能，如电流检测、保护功能等。

高压配电箱安装位置如图 5-2-14 所示，高压配电系统组成框图如图 5-2-15 所示。前电机控制器除了控制前驱动电机，还将直流高压电分配给电动空调压缩机和动力电池加热器。

图 5-2-14　高压配电箱安装位置

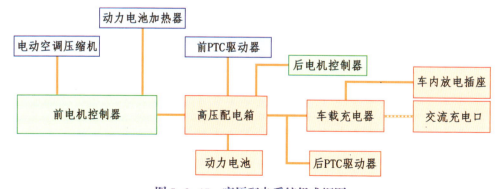

图 5-2-15　高压配电系统组成框图

（5）高压互锁回路

比亚迪唐 DM 车型在动力电池、前后电机控制器、交流充电口、车载充电机、高压配电箱等高压部件插接器上设置高压互锁回路。当断开其中一个高压系统插接器时，高压互锁电路断开，整车高压电就会强制断开，确保安全。比亚迪唐 DM 车型根据配置搭载了 3.3 kW 和 6.6 kW 两种车载充电机，高压互锁电路也因此有所不同，分别如图 5-2-16 和图 5-2-17 所示。

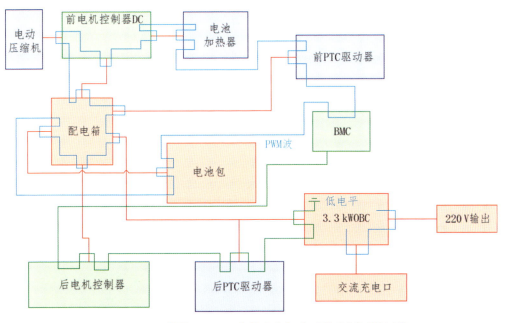

图 5-2-16　搭载 3.3 kW 车载充电机车型的高压互锁回路

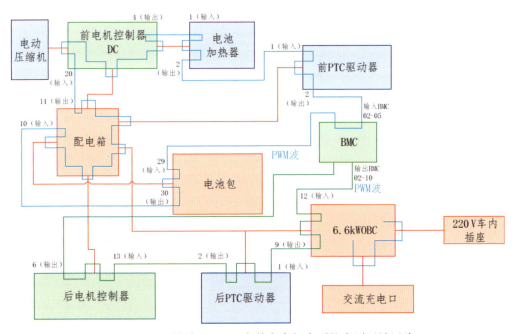

图 5-2-17　搭载 6.6 kW 车载充电机车型的高压互锁回路

111

（6）整车控制器

整车控制器是新能源汽车的关键部件，它基于驾驶员的操控指令（加速踏板状态、挡位状态、制动踏板状态等）、车速等整车的状态信息、动力系统组成部件的状态信息等，实施驾驶员的指令解析，依据制定的控制策略进行动力分配控制，依据动力电池等的能量状态进行能量管理，对新能源汽车动力系统组成部件进行信息监控和故障诊断等，并输出合理的指令到电动机、发动机以及动力耦合装置（插电式混合动力汽车）等，以满足汽车的行驶要求。

比亚迪唐DM整车控制器具备实时动力计算和动力分配、实时信息交互与集中处理转发、传感器信号采集及处理，同时包括CAN通信、故障处理、在先CAN烧写、静默烧写、与其他模块配合完成整车的工作要求以及自检等功能。比亚迪唐DM整车控制器安装在驾驶员座椅的底部，如图5-2-18所示。

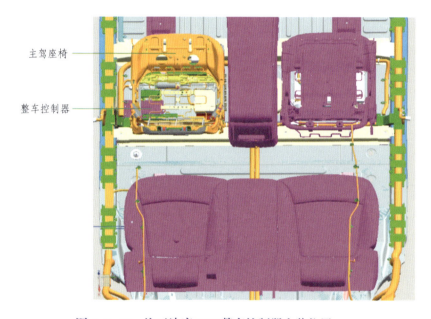

图5-2-18 比亚迪唐DM整车控制器安装位置

2. 途观 L PHEV

上海大众途观L PHEV于2018年11月正式上市。途观L PHEV插电式混合动力由EA211 1.4T涡轮增压缸内直喷发动机、三元锂离子动力电池、一体式电动机和智能电控管理系统组成，匹配DQ400e6速双离合变速器。综合续驶里程862 km，纯电动续驶里程52 km，综合最大输出功率155 kW，峰值扭矩400 N·m，百公里加速时间为8.1 s，百公里综合油耗1.9 L。车辆提供多种驾驶模式选择，包括E-MODE纯电模式、Hybrid Auto混合动力模式、Battery Hold动力电池保持模式、Battery Charge动力电池充电模式、GTE运动模式等。

（1）动力电池

途观 L PHEV 动力电池采用三元锂离子电芯，单体电池电压为 3.6 V，12 节单体电池串联组成一个电池模组。8 个电池模组串联得到 96 节单体电池组成的动力电池。动力电池标称电压 352 V，电压范围 240~400 V，标称容量 37 Ah，冷却方式为液冷式。途观 L PHEV 动力电池外观如图 5-2-19 所示，内部组成如图 5-2-20 所示。

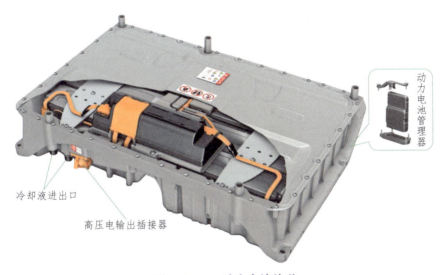

图 5-2-19　动力电池外观

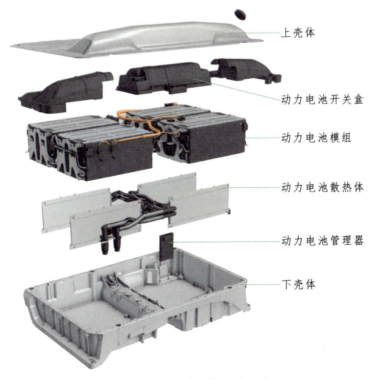

图 5-2-20　动力电池内部组成

(2)驱动电机

途观 L PHEV 驱动电机为永磁同步电动机。驱动电机安装在发动机和 6 挡双离合器变速器之间,可以单独驱动车辆也可以和发动机一起驱动车辆,同时还承担了起动发动机和发电机的任务。

途观 L PHEV 驱动电机结构如图 5-2-21 所示,电机参数如表 5-2-2 所示。

图 5-2-21 途观 L PHEV 驱动电机结构

表 5-2-2 途观 L PHEV 驱动电机参数

车型	项目	参数
途观 L PHEV	额定电压 /V	320
	峰值扭矩 /(N·m)	330
	持续扭矩 /(N·m)	170
	峰值功率 /kW	85
	持续功率 /kW	55
	最高工作转速 /(r·min^{-1})	6 200

驱动电机安装在双离合器总成的前部。系统共包含三个膜片离合器,两个行驶离合器和一个分离离合器。两个行驶离合器 K_1 和 K_2 将驱动电机与两个分变速箱连接到一起。分离离合器 K_0 连接或断开驱动电机与发动机。所有的三个离合器都是依靠压力机油运行。在闭合分离离合器 K_0 时,可以通过发动机或结合驱动电机来驱动车辆。在闭合分离离合器 K_0 的情况下,也可以通过驱动电机来起动发动机。由驱动电机组成混合动力模块,如图 5-2-22 所示。

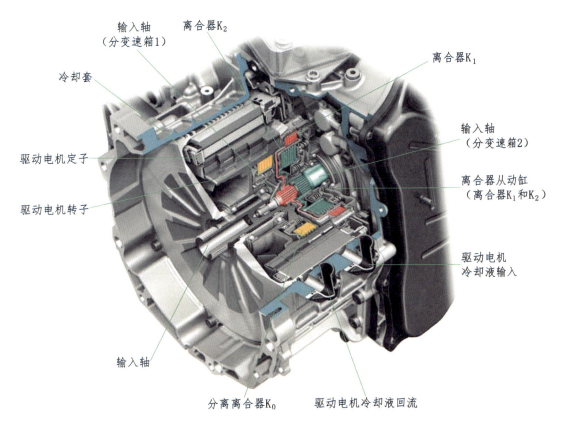

图 5-2-22　途观 L PHEV 混合动力模块

驱动电机温度传感器检测驱动电机的温度，并将信号发送给电机控制器。从 150℃起，驱动电机功率将受到限制。从 180℃起驱动电机将不再运行，以避免过热，此时发动机将被起动，代替驱动电机驱动车辆。驱动电机温度传感器是一个 NTC 电阻传感器，驱动电机温度传感器安装位置如图 5-2-23 所示。

驱动电机转子位置传感器用于检测转子中磁铁到定子的准确位置，从而通过位置计算对磁场进行精确控制。传感器包括固定安装的线圈和安装在转子上的传感器轮。驱动电机转子位置传感器信号被输送到电机控制器进行位置计算。驱动电机转子位置传感器安装位置如图 5-2-23 所示。

如图 5-2-24 所示，驱动电机转子位置传感器具有 30 个串联的线圈，每个线圈都是由一个铁芯以及一个初级绕组和两个次级绕组组成的。电机控制器为初级绕组提供激励电压。次级绕组具有不同的匝数，以此区分次级绕组 1 和次级绕组 2。传感轮具有 8 个凸块，通过感应对线圈进行影响。

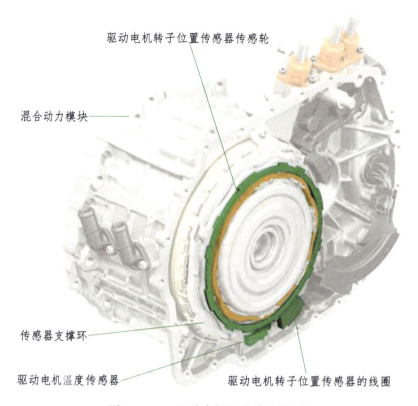

图 5-2-23 驱动电机传感器安装位置

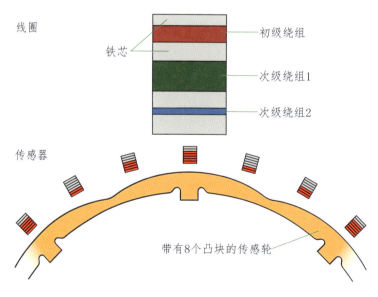

图 5-2-24 驱动电机转子位置传感器原理

工作时，首先转子开始转动，带动传感轮转动。凸块开始从一个线圈移动到下一个线圈，从而加强了次级绕组内的感应。

由于各线圈中次级绕组 1 和次级绕组 2 的螺旋线数量不同，从而产生 90°的幅度错位。基于这种幅度，驱动电机控制器计算出磁铁相对于驱动电机内线圈绕组的位置。

电机控制器内部集成 DC/DC 转换器，安装在发动机舱左侧。电机控制器的作用除了将动力电池的高压直流电变换为三相交流电供给驱动电机外，还承担 12 V 蓄电池的充电和车载电网供电。同时还是车载充电器和动力电池之间的连接部件。电机控制器采用液冷却方式。电机控制器外观及外围连接如图 5-2-25 所示。

图 5-2-25　电机控制器外观及外围连接

（3）高压配电系统

途观 L PHEV 高压配电系统是以车载充电机为核心，将动力电池的高压直流电分配给各高压用电系统。车载充电机除了完成动力电池的供电外，还内置电源分配器，为电加热装置、电动空调压缩机供电。高压配电系统布置如图 5-2-26 所示。

3. 宝马 F18 PHEV

宝马 F18 PHEV（530Le）是宝马公司第七款搭载混合动力技术的量产汽车。首次将 4 缸汽油发动机与电动驱动装置组合。宝马 F18 PHEV 的驱动系统由一台搭载 TwinPower 涡轮技术的 4 缸汽油发动机（N20B20M0）、一个 8 挡自动变速箱（GA8P75HZ）和一个驱动电机组成。纯电动行驶时最高车速为 120 km/h，最大电动续驶里程为 58 km，整车百公里加速用时 7.1 s，平均油耗降低到百公里 2.0 L。

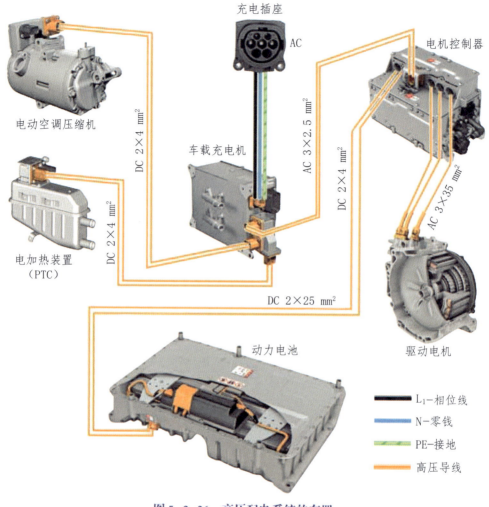

图 5-2-26 高压配电系统的布置

（1）动力电池

宝马 F18 PHEV 动力电池由苏州 Bosch 公司制造，动力电池的单体电池由 Samsung 公司生产。单体电池为三元锂离子电池，每个单体电池电压为 3.78 V，容量 40 Ah。动力电池共有 96 个单体电池串联而成，额定电压 363 V，采用液冷却方式。

宝马 F18 PHEV 动力电池安装在行李厢后排座椅后面（如图 5-2-27 所示），由一块饰板遮盖，需要接触动力电池单元上的接口时，必须拆下后排座椅靠背。

在动力电池上除了高压接口，还有一个信号接口。通过这个接口给集成在东西电池内部的控制单元提供总线、传感器和监控信号。

动力电池借助四个支架与车身相连，并通过固定螺栓实现电位平衡。动力电池和接地螺栓（固定螺栓，如图 5-2-27 所示）之间的低电阻连接是自动绝缘监控功能正常运行的关键前提条件，因此必须确保动力电池单元壳体和车身相应的螺栓孔上没有油漆、腐蚀或污染。

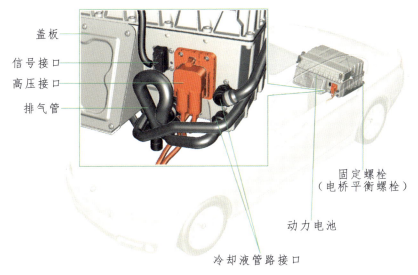

图 5-2-27 宝马 F18 PHEV 动力电池安装位置

（2）驱动电机

宝马 F18 PHEV 车型驱动电机安装在发动机与变速器之间，取代了原自动变速器的液力变矩器。电机类型同样为永磁同步电机。宝马 F18 PHEV 插电式混合动力系统是并联式混合动力系统，发动机和驱动电机与驱动轮机械类连接。车辆驱动时，两个驱动系统都能单独使用也能同时使用。当需要单独使用电力驱动时，发动机必须与驱动电机断开连接，这一功能通过一个分离离合器来实现。分离离合器固定集成在电机壳体中，为湿式多片离合器。分离离合器具有很高的调节精度，这样就不会感觉到发动机的连接和断开。一旦分离离合器接合，电机、变速箱输入轴和发动机就以相同的转速旋转。

宝马 F18 PHEV 车型驱动电机安装位置如图 5-2-28 所示，电机参数如表 5-2-3 所示。

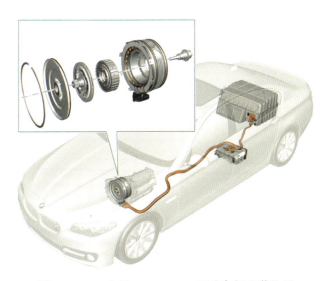

图 5-2-28 宝马 F18 PHEV 驱动电机安装位置

表 5-2-3　宝马 F18PHEV 驱动电机参数

项目	参数	单位
持续功率	32	kW
最大功率	70	kW
最大扭矩	250	N·m
最大扭矩转速	0~2 700	r/min
转速区间	0~2 700	r/min
最大电流	450	A
重量	26	kg

（3）高压配电

宝马 F18 PHEV、宝马 i8 纯电动车型、宝马 i3 增程式电动汽车、宝马 X5 PHEV（F15）、宝马 X1 PHEV 等车型的高压配电装置集成在电机电子装置内，另外电机电子装置中还集成电机控制器、DC/DC。高压配电装置为电动空调压缩机、PTC 加热器提供高压用电。高压配电装置中带有用于电动空调压缩机、PTC 加热器的高电压保险丝。高电压保险丝的额定电流为 80 A。

5.3 增程式混合动力汽车

增程式混合动力汽车中存在三种能量源。一是动力电池,为增程式混合动力汽车的主要能量源,负责以纯电动方式提供行驶中的能量供给;二是增程器,为增程式混合动力汽车的备用能量源,负责动力电池以及驱动电机的能量补给;三是驱动电机,为增程式混合动力汽车的回收能量源,是指在制动能量回馈过程中驱动电机回馈的能量。

5.3.1 增程式混合动力汽车组成

增程式混合动力汽车动力传动系统组成如图 5-3-1 所示,主要由驱动电机系统、电源系统、增程器和整车控制器等组成。与纯电动汽车相比,增加了增程器。

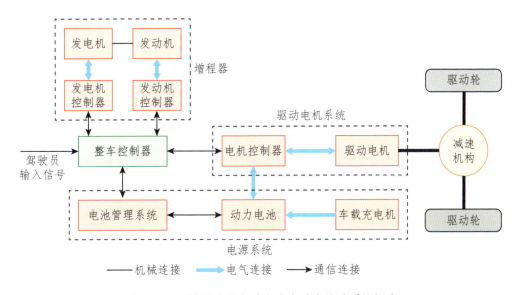

图 5-3-1 增程式混合动力汽车动力传动系统组成

1. 驱动电机系统

增程式混合动力汽车驱动电机系统与纯电动汽车的类似,也是由驱动电机及电机控制器组成。区别在于驱动电机能量来源除动力电池外,还有增程器。发动机到驱动电机之间没有机械连接,是通过发电机发电将发动机发出的机械能转化为电能,然后电机控制器根据车辆工况的需求将电能分配给驱动电机,如果有多余的电能,将被储存到动力电池中。

增程式混合动力汽车驱动电机应该具备较高的功率密度,而且在较宽的转速和转矩范围内具备较好的效率特性,同时驱动电机控制器能实现双向控制,以实现制动能量回收。

增程式混合动力汽车驱动电机参数匹配方法与纯电动汽车一样，根据整车动力性匹配驱动电机的峰值功率。在满足动力性的前提下，为提高驱动电机工作效率并减轻重量，应尽量选择较小峰值功率以及高转速的电机。

2. 电源系统

增程式混合动力汽车电源系统与纯电动汽车的类似，也是由动力电池、电池管理系统、车载充电机等组成。区别在于动力电池的要求需兼顾纯电动和混合动力两种模式，具体要求是在深度放电的情况下，依然有较长的循环寿命；在较低的 SOC 值状态下，可输出大功率的电能，使增程式混合动力汽车在低 SOC 下加速性能仍然良好；在高的 SOC 状态下，可以接收大电流充电，以保证制动能量回收的效率不受 SOC 状态的影响；在保持高 SOC 状态下，可延长其使用的寿命；能量密度及比能量高，以减小电池组的体积和重量；安全性好。

动力电池是整车驱动的主要能量源，是能量储存装置，应具有良好的充放电性能用以保证车辆的动力性和再生制动回收的能力，其容量应能够满足增程式混合动力汽车性能要求的纯电动续驶里程；其电压等级要与电力系统电压等级和变化范围一致；其充放电功率应能够满足整车驱动和电器负载的功率要求。

增程式混合动力汽车动力电池参数匹配方法与纯电动汽车一样，只不过设计要求不一样。增程式混合动力汽车纯电动模式的续驶里程较短，动力电池容量要求比纯电动汽车低。

3. 增程器

发动机、发电机及其控制器共同组成了增程器（APU）。增程器是增程式混合动力汽车动力传动系统的关键组件，发动机/发电机系统与驱动车轮在机械上是分离的，发动机的转速和转矩与速度及牵引转矩的需求无关，因此可控制发动机运行在其转速-转矩平面上的任意点。通常应控制发动机使其运行在最佳工况区，此时发动机的油耗和排放降到最低程度，由于发动机和驱动车轮没有机械连接，因此最佳的发动机运行状态是可以实现的，与驱动电机系统的运行模式和控制策略密切相关。

增程器只提供电能，电能用来驱动电机或者为动力电池充电，增加电动汽车的续驶里程，发动机到驱动电机之间的动力传动路线没有机械连接，可以将电能用于驱动车辆，不经过动力电池的充放电过程，降低了从增程器到动力电池的能量传递损失。

增程器根据电能来源的不同可分为发动机/发电机组、燃料电池和超级电容等，其中发动机/发电机组的增程器是目前应用最多和技术最成熟的增程器。增程器用发动机的选型目前主要有往复式发动机和转子式发动机。往复式发动机属于传统发动机，是最为常见的一种发动机，如雪佛兰沃蓝达和沃尔沃 C30 配备的增程器。转子发动机一般燃烧效率较低，但其特殊的结构使其具有旋转顺畅、利于小型化的优点，符合增程器的设计要求；且在增程器上转子发动机是在一定条件下起动的，因此并不比往复式发动机逊色，如 AVL

研发的增程器。AVL 增程器采用发动机和发电机一体化的形式配备在后轴上，采用的转子发动机旋转顺畅、噪声小且节省空间。

发动机功率的选择对增程式混合动力汽车动力系统的设计至关重要。发动机选型设计中常按照汽车的最高车速来初步选择发动机功率，这是因为汽车的加速性能和爬坡性能可以由汽车的最高车速来体现。发动机输出功率满足下式：

$$P_{RE} = \frac{1}{3\,600\eta_t}\left(mgfv_{max} + \frac{C_D A v_{max}^3}{21.15}\right) \quad (5.1)$$

式中，P_{RE} 为满足增程式混合动力汽车最高车速行驶所需要的发动机输出功率，单位为 kW。

发动机额定功率的选择应大于式（5.1）计算的理论值，以承载连续的非牵引负载，如灯光、娱乐、空调、动力转向装置和制动增压等。

根据所选发动机的燃料消耗 MAP 图，可以计算满足增程式混合动力汽车增程续驶里程所需要的油箱容积为：

$$V = \frac{S_2 g_c}{v} \quad (5.2)$$

式中，V 为油箱容积，单位为 L；S_2 为增程续驶里程，单位为 km；g_c 为发动机高效工作点处油耗，单位为 L/h。

增程器中发动机与发电机连接方式主要有两种，即弹性联轴器结构连接和直接刚性连接件连接。前者轴线尺寸会较大，对定位安装工艺要求高；后者发电机惯量及动态加载会给轴系带来冲击，存在动力过载损坏轴系的危险。

增程器要稳定可靠，可以立刻起动并进入正常工作状态；为了实现高效率和低排放的要求，要求系统处在最优工作点工作，因此控制器非常关键，通过控制策略和优化措施，在保证整车动力性前提下提高经济性和效率。

4. 整车控制器

整车控制器通过 CAN 网络与发动机控制器、发电机控制器、驱动电机控制器以及电池管理系统进行信息交互，实现增程的控制。增程器、驱动电机、动力电池三者之间通过整车控制器进行电能交互，实现能量的最优分配。同时动力电池通过车载充电机充电，保证纯电动模式下的行驶。

5.3.2 增程式混合动力汽车特点

增程式混合动力汽车与纯电动汽车相比，可以随时在加油站加油，续驶里程得到很大提高。在相同续驶里程条件下，增程式混合动力汽车动力电池的容量只需要纯电动汽车的

30%~40%，无须配备大容量的动力电池，制造成本大幅降低。当动力电池 SOC 值降低到阈值时，转为增程模式运行，避免了动力电池的过放电，寿命可以得到延长。

增程式混合动力汽车与常规混合动力电动汽车相比，由于常规混合动力电动汽车采用了复杂的机械动力混合结构，发动机和电机复合驱动，电池能量很小，只起到辅助驱动和制动能量回收的作用。增程式混合动力汽车采取电池扩容的方式解决了电池驱动的续驶能力问题。增程式混合动力汽车能外接充电，尽可能利用晚间低谷电充电，进一步提高了能源利用率。增程式混合动力汽车与插电式混合动力电动汽车相比，增程式混合动力汽车在电能充足条件下行驶时发动机不参与工作。因此，增程式混合动力汽车并不需要像插电式混合动力电动汽车那样对其工作模式进行特定的说明。增程式混合动力汽车所使用的动力电池、驱动电机以及动力系统的用电功率都必须从满足整车性能的要求而加以设计，车辆所搭载的动力电池及其容量也必须从能够满足纯电动汽车整车性能需要的角度加以考虑。在动力电池电能充足的情况下，增程式混合动力汽车必须在所有的工作模式下维持纯电动模式。在增程器设计方面，增程式混合动力汽车允许将发动机的功率显著降低，发动机所提供的动力不需要达到车辆动力性能所需的峰值功率，仅满足车辆行驶所需要的持续动力需求即可。

增程式混合动力汽车能够有效提高燃料利用率，主要原因如下。

① 由于发动机不直接与机械系统相连，发动机的工作状态相对独立，可将发动机设定于最佳效率点工作。

② 在电量保持模式下，主要由发动机驱动整车行驶。当需求功率较小时，发动机关闭，由动力电池驱动整车行驶；当需求功率较大时，动力电池弥补发动机功率不足的部分，这样可避免发动机的工作点波动，保证发动机工作于最佳效率点。

③ 当车辆制动时，动力电池能有效回收制动能量。

综上所述，增程式混合动力汽车是一种可增加续驶里程的纯电动汽车，兼有混合动力电动汽车和纯电动汽车的特征，是现阶段解决新能源汽车技术问题最切实可行的方案之一。增程式纯电动汽车具有以下特点。

① 在纯电动模式下，发动机不起动，由动力电池驱动整车行驶，这样可减少整车对石油的依赖，缓解石油危机。

② 在动力电池电能不足时，为了保证车辆性能和动力电池的安全性，进入电量保持模式，由动力电池和发动机联合驱动整车行驶。

③ 整车纯电动续驶里程满足大部分人员每天行驶里程要求，动力电池可利用晚间低谷电力充电，缓解供电压力。

④ 整车大部分情况在电量消耗模式下行驶，能达到零排放和低噪声的效果。

⑤ 发动机与机械系统不直接相连，发动机可工作于最佳效率点，大大提高整车燃料效率。

5.3.3 增程式混合动力汽车结构与原理

1. 增程式混合动力汽车原理

增程式混合动力汽车的动力传递系统在组成上与串联插电式混合动力汽车的动力系统相似。特殊之处在于增程式混合动力汽车的能量传递路线体现出两种动力系统，但是只有一种驱动方式，即电机驱动。不需要非常复杂的电能与化学能的耦合。在结构上，增程式混合动力汽车是在纯电动汽车的基础上开发的电动汽车，增程器的布置对原有车辆的动力系统结构影响较小。之所以称为增程式混合动力汽车是因为车辆追加了增程器，而为车辆追加增程器的目的是进一步提升纯电动汽车的续驶里程，使其能够尽量避免频繁地停车充电。

增程式混合动力汽车有 5 种工作模式，即纯电动模式、增程器单独驱动模式、混合驱动模式、制动模式和停车充电模式。

（1）纯电动模式

当动力电池能量充足时，使用纯电动模式。纯电动模式的能量传递路线如图 5-3-2 所示，增程器处于关闭状态，动力电池是唯一的动力源，相当于一辆纯电动汽车。不同之处是，增程式纯电动行驶里程可以设置的相对较小，不必装备大量的动力电池，既降低了成本又降低了整车重量。动力电池的能量应能够满足车辆起步、加速、爬坡、怠速以及驱动汽车空调等附件的功率需求。

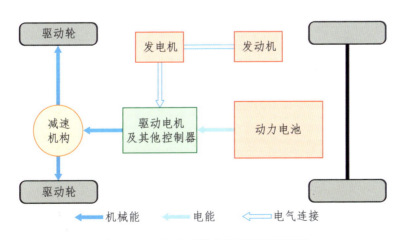

图 5-3-2　纯电动模式的能量传递路线

（2）增程器单独驱动模式

当动力电池能量不足时，使用增程模式。增程器单独驱动模式的能量传递路线如图 5-3-3 所示。在动力电池 SOC 值降至设定的阈值 SOCmin 时，增程器起动，发动机根据制定的控制策略运行在最佳的状况，使驱动电机发电，一部分用于驱动车辆行驶，多余的电能为动力电池充电。

当动力电池电量恢复至充足时,发动机又停止工作,继续由动力电池驱动电机,提供整车功率需求。

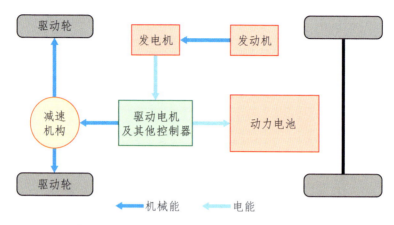

图 5-3-3　增程器单独驱动模式的能量传递路线

(3) 混合驱动模式

当路面需求功率较大,动力电池供能不足时,增程器开启,发动机—发电机组联合动力电池一起工作,提供整车行驶需要的动力,其能量传递路线如图 5-3-4 所示。

增程器单独驱动模式和混合驱动模式都属于增程模式。增程模式的发动机可以有多种工作方式,根据控制策略的不同,可以选择发动机恒功率模式、功率跟随模式、恒功率与功率跟随结合模式,此外还有智能控制策略和优化算法控制策略等复杂控制策略模式。当车辆停止的时候,可以利用市电为动力电池充电。

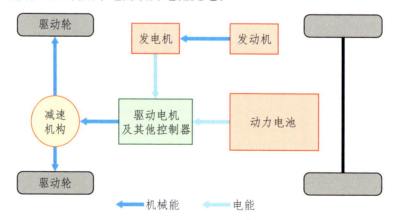

图 5-3-4　混合驱动模式的能量传递路线

(4) 制动模式

在车辆运行过程中,发生减速、制动请求时,驾驶员需要踩下制动踏板,若满足一定的条件，整车即进入制动能量回收模式；当制动强度较低、制动较为缓和、制动请求功率较小时，采用电机单独制动；当发生急减速或紧急制动时，一旦车辆的制动负载功率超出电机再生制动功率的上限，为了保护蓄电池组、限制其输入功率，此时摩擦制动器参与工作，与电机再生制动协同提供车辆的制动功率需求。制动模式的能量传递路线如图5-3-5所示。再生制动可以将车辆的动能转化为电能储存在动力电池中，以供车辆驱动使用，提高了整车能量利用率。在再生制动情况下，电机以发电状态工作，回收的制动能量储存在动力电池中。

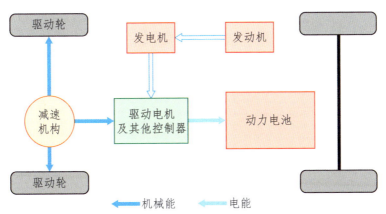

图 5-3-5　制动模式的能量传递路线

（5）停车充电模式

停车充电模式的能量传递路线如图5-3-6所示。停车时动力系统全部停止，此时通过车载充电机连接外接电网对动力电池进行充电，以备下次行车使用。此模式是保证车辆大部分以纯电动方式行驶的基础，可减少燃料发动机的使用频次，能够显著降低车辆的行驶成本以及减少车辆的污染物排放。

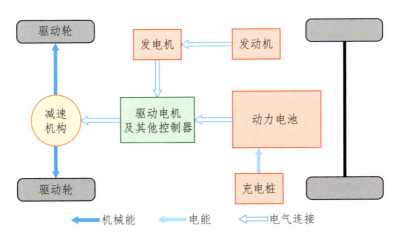

图 5-3-6　停车充电模式的能量传递路线

2. 增程式混合动力汽车结构

增程式混合动力电动汽车是以提高纯电动汽车的续驶里程为目的，在纯电动汽车的基础上增加增程器而成。它的基本结构由增程器、动力电池、驱动电机及传动系统组成，如图 5-3-7 所示。增程器通常由发动机和发电机组成，当动力电池电量不足时，通过增程器发电为驱动电机提供电能。动力电池和驱动电机的类型与其他纯电动车一致，动力电池电量充足时，为驱动电机提供电能。传动系统中可以是各种变速装置。

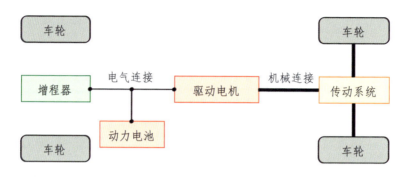

图 5-3-7 增程式混合动力汽车结构

3. 增程式混合动力汽车模式

由于当前储能技术的限制，纯电动汽车一次充电的行驶里程比传统汽车少得多。纯电动汽车的这一现状，对于习惯传统汽车的现代社会，会使人们产生"里程焦虑"而影响电动汽车的使用意愿。研究表明，作为代步工具，大多数人日常使用汽车的范围在 60 km。如果在这一范围内普遍使用电动汽车，将显著减少燃油消耗和降低排放。对于 40 英里以上的距离，则依靠增程器提供能量，大幅提高电动汽车的行驶里程，克服"里程焦虑"。由此，如果不考虑停车和充电过程，EREV 的基本工作模式即分为纯电动模式和增程模式。

（1）纯电动模式

属于电量消耗阶段。根据动力电池最佳工作区间特性，预先设计一个荷电状态 SOC 最低阈值 SOC_{Low}，当电池 SOC 值处于这个阈值以上时，EREV 处于纯电动模式。在纯电动模式，车辆与纯电动汽车一样，由动力电池提供能量，由驱动电机提供行驶动力。

（2）增程模式

此阶段属于电量维持阶段。随着车辆在纯电动模式下运行，电池 SOC 逐渐降低，当低于设定阈值时，如果再继续使用电池，将会减少电池的使用寿命。这时，应当起动增程器，利用增程器发出的电能提供驱动电机行驶所需电能，同时，多余的部分电能为电池充电，使电池 SOC 略微增加至预定阈值 SOC_m，并保持 SOC 处于前述两个阈值之间，即满足 $SOC_m \leq SOC \leq SOC_h$，直至停车充电，将电池充满，之后车辆行驶时，又进入纯电动模式。

某增程式纯电动汽车电池 SOC 的仿真时间历程如图 5-3-8 所示。从图 5-3-8 中可以明显看出前期 SOC 的下降趋势，此时车辆处于纯电动模式，后期 SOC 处于波动状态，表明处于增程模式。

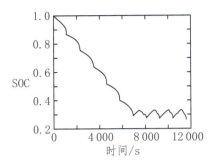

图 5-3-8　SOC 仿真时间历程

5.3.4　增程式混合动力汽车车型实例

1. 宝马 i3（增程款）

（1）动力电池

宝马 i3 电动汽车（增程款）动力电池采用三元锂离子电池电芯组成单体电池，再由 12 个单体电池组成一个电池模组，动力电池一共 8 个电池模组。每个单体电池的电压均为 3.75 V，容量 60 Ah，12 个单体电池组成一个电压为 45 V 的电池模组，单体电池和电池模组如图 5-3-9 所示。

图 5-3-9　单体电池和电池模组

如图 5-3-9 所示的电池模组串联并与电池管理系统一起组成高压动力电池总成。动力电池总成额定电压 360 V，电压分为 259~396 V，可存储能量 21.6 kW·h，可用能量 18.8 kW·h。动力电池组成与内部连接示意图分别如图 5-3-10、图 5-3-11 所示。

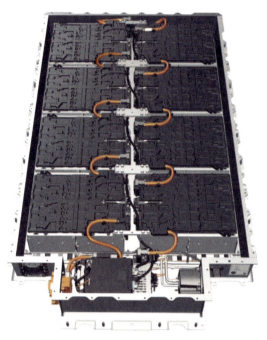

图 5-3-10 宝马 i3 动力电池组成

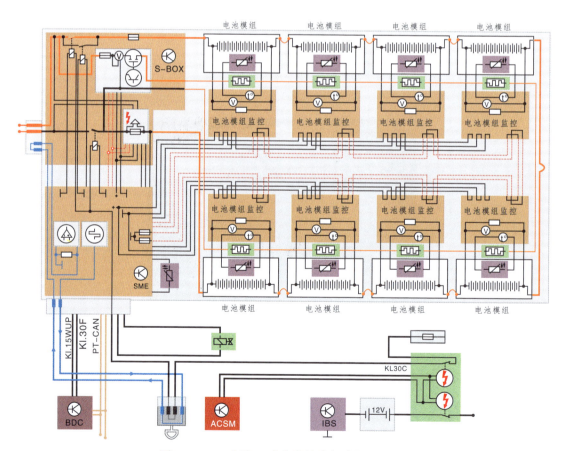

图 5-3-11 宝马 i3 动力电池内部连接示意图

(2) 驱动电机

宝马 i 系列是宝马在德国总部发布的独立子品牌，该品牌主要代表着新能源汽车和新的移动解决方案。

i 系列车型主要以插电式混合动力和纯电动技术作为驱动技术，i 系列成为宝马集团旗下最环保的品牌系列车。i3 分为纯电动版和增程版，两者均装备了最大功率 125 kW、最大扭矩 250 N·m 的永磁同步电动机，增程款还增加了个双缸发动机和一个发电机作为增程器。宝马 i3 驱动电机和增程器安装位置如图 5-3-12 所示。

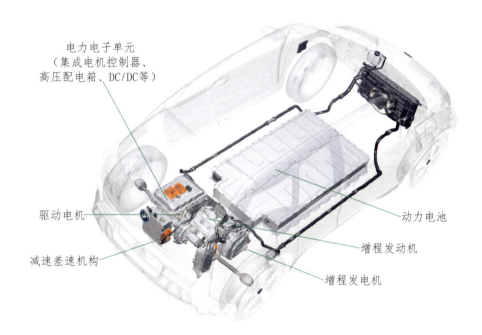

图 5-3-12　宝马 i3 驱动电机和增程器安装位置

2. 广汽传祺增程电动汽车

传祺 Hybrid 是基于传祺平台，采用峰值 95 kW 的永磁同步电机驱动，搭载 13 kW·h 锂动力电池；纯电动状态下，整车可行驶 50 km 以上；并可在电池电量不足时，通过车载增程器给车辆充电，车辆总续驶里程大于 500 km，克服了纯电动车里程短等缺点。整车动力充沛，0 到 50 km 加速时间仅为 5.3 s，最高车速 ≥ 150 km，同时油耗仅为 2.5 L/100 km，与同级别传统动力车型相比，油耗大幅降低。

传祺增程电动汽车主要有动力电池、驱动系统、增程器、高压系统冷却、整车控制器等，如图 5-3-13 所示。

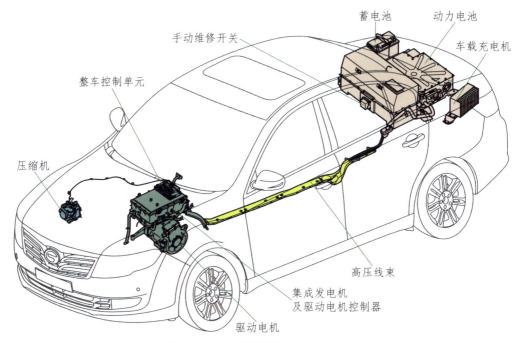

图 5-3-13　传祺增程电动汽车组成

(1) 动力电池

动力电池系统布置于行李箱处（如图 5-3-14 所示），配备冷却风管；配备手动维修开关（A 箱、B 箱各配备一个），B 箱手动维修开关从行李箱处可以拆卸，A 箱手动维修开关从后排座椅中部靠背可拆卸。主要参数：动力电池由 212 颗磷酸铁锂电池单体组成，每个电池单体的标称电压是 3.2 V，使用电压范围为 2.5~3.6 V，系统的标称电压为 345.6 V，工作电压为 260~420 V，瞬时电流可达 300 A 以上。

图 5-3-14　动力电池安装位置

（2）驱动系统

驱动系统依托增程式系统平台，电机控制器包括控制电路、功率驱动单元、DC/DC、高低压接插件、内部线束和所有相关的软硬件等。本控制器作为ISG电机（发电机）和驱动电机的控制器，并集成了DC/DC，是一款双电机控制器。

ISG电机（发电机）和发动机构成增程器，TM电机（驱动电机）为整车提供驱动动力。发动机不参与驱动，而是作为一个增程器驱动发电机发电，实现了在线充电的功能，消除了纯电动技术续驶里程不足的特点；同时也解决了纯电动汽车对基础充电设施过度依赖的缺点，且减小了电池容量，降低了成本。驱动系统如图5-3-15所示。

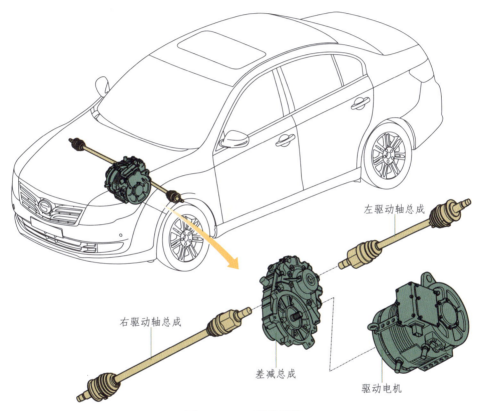

图5-3-15 驱动系统

（3）增程器

AG发电机简称ISG电机，该电机只负责给电池充电不负责驱动，其工作原理是发电机转子与发动机曲轴连接，通过发动机曲轴直连带动发电机转子转动从而磁场切割磁感应线产生电能。该发电机额定功率为31 kW，峰值功率是40 kW，额定转速是4 500 r/min，峰值转速是6 000 r/min。

发电机安装在发动机曲轴后端。发电机为紧凑、轻型和高效的交流永久磁铁电机。发电机既是起动机又是发电机，在起动时作为起动机带动发动机，在刹车制动或下坡时作为发电机给高压电池充电。AG发电机结构如图5-3-16所示。

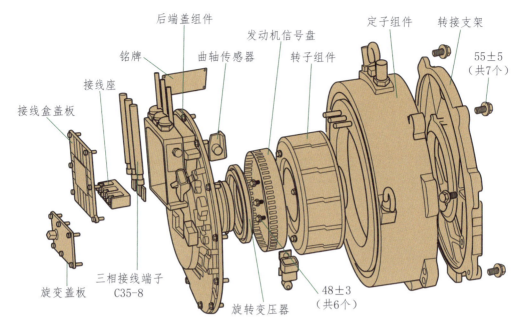

图 5-3-16　AG 发电机结构

发电机为三相交流电机,当三相交流电经过定子线圈的三相绕组时,电机内产生旋转磁场。通过转子的旋转位置和转速控制该旋转磁场,转子中的永久磁铁受到旋转磁场的吸引而产生扭矩。产生的扭矩与电流大小大致成比例,且转速由交流电的频率控制。此外,通过适当控制旋转磁场与转子磁铁角度,可以有效地产生大扭矩和高转速。发电时,旋转转子产生旋转磁场,在定子线圈内产生电流。

发电机可以将汽车减速或制动时的动能转换成电能,为高压电池充电,提高燃油经济性。

（4）高压系统冷却

高压系统中的发电机、驱动电机、集成发电机及驱动电机控制器在工作时会产生大量的热量,如不及时冷却会造成系统过热、功率受限等。广汽增程电动汽车采用液冷式冷却方式,冷却液在电动冷却液泵的作用下流过以上高压部件,并在散热器中冷却,从而降低高压部件的热量。高压系统冷却组成与示意图分别如图 5-3-17 和图 5-3-18 所示。

（5）整车控制器

传祺 Hybrid 工作原理的核心是 HCU（整车控制单元）的控制。HCU 如同增程电动汽车的大脑,指挥各个系统的协调工作,以达到效率、排放和动力性的最优,同时兼顾行驶的平稳性。

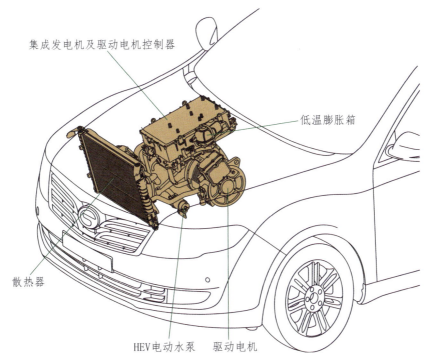

图 5-3-17　高压系统冷却组成

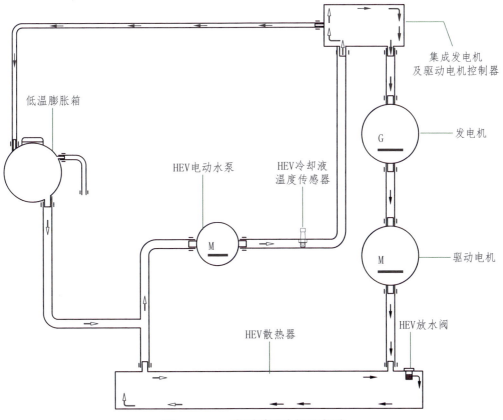

图 5-3-18　高压系统冷却示意图

整车控制器（Hybrid Control Unit，HCU）是混动系统的核心电子控制单元（Electronic Control Unit，ECU）。整车控制器通过控制器局域网（Controller Area Network，CAN）总线与发动机、AG发电机、驱动电机、动力电池、DC/DC转换器等部件的电子控制单元相互通信，并根据混动系统控制策略对这些部件实施控制。从整车控制器的角度看，这些部件都是混动系统的执行部件，整车控制系统框图如图5-3-19所示。

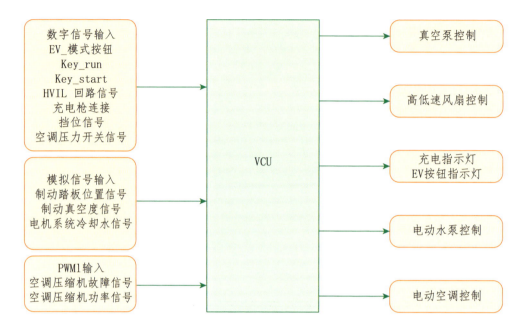

图 5-3-19　整车控制系统框图

根据驾驶员指令（扭矩需求）、动力电池电量（SOC）和车辆行驶情况，针对系统的四种控制状态，即起停控制、充电控制、助力控制、能量回收控制等状态，来分配发动机、驱动电机、起动电机的转矩。

HCU先根据驾驶员命令（加速踏板行程、制动踏板行程、挡位信号等）和当前车辆行驶状况计算出当前所需功率和扭矩，然后结合当前的高压电池状态和车辆行驶状态，决定能源在发动机、驱动电机之间的分配，即确定发动机、后轴驱动电机或前轴驱动电机的扭矩，实现能量的最优管理，使有限的燃油发挥最大的功效。

第 6 章 燃料电池电动汽车

【学习目标】

1. 掌握燃料电池电动汽车的类型
2. 了解质子交换膜燃料电池基本结构
3. 认识燃料电池电动汽车其他车型

【导语】

随着各国对燃料电池电动汽车产业的不断投入，燃料电池电动汽车技术逐渐成熟，各国及燃料电池电动汽车相关标准也在不断完善中，目前的燃料电池汽车标准主要集中于燃料电池系统及车载氢气两大方面。

通过本章的学习掌握燃料电池电动汽车的类型，和各类型是怎么工作的，了解质子交换膜燃料电池基本结构，认识燃料电池电动汽车其他车型。

燃料电池电动汽车（Fuel Cell Electric Vehicle，FCEV），兴起于20世纪70年代末，以燃料电池作为动力源，通过氢氧反应产生电能驱动电动机来驱动车辆行驶。由于该车型的排放物为水，氢氧利用率较高，因此被普遍认为是一种新型、高效、清洁的环保车型。我国燃料电池电动汽车主要标准如表6-1-1所示。

表6-1-1 我国燃料电池电动汽车主要标准

标准代号	标准名称	标准内容及适用范围
GB/T 24548-2009	燃料电池汽车整车术语	规定了与燃料电池电动汽车相关的术语及其定义，适用于使用气态氢的燃料电池电动汽车整车及部件
GB/T 24549-2009	燃料电池汽车安全要求	规定了燃料电池电动汽车特有的燃料系统、燃料电池系统、动力电路系统、功能故障防护和碰撞等方面的安全要求，适用于使用气态氢的燃料电池电动汽车
GB/T 24554-2009	燃料电池发动机性能试验方法	规定了燃料电池发动机起动特性、稳态特性、动态响应特性、气密性检测、绝缘电阻检测等实验方法，适用于使用质子交换膜燃料电池发动机
QC/T 816-2009	加氢车技术条件	规定了用于装运和加注高压氢气的车辆的术语和定义、要求标志和运输、停放及随车文件，适用于定性汽车底盘的装运和加注氢气的加氢车
GB/T 26990-2011	燃料电池电动汽车车载氢系统技术要求	规定了燃料电池电动汽车的车载氢系统的技术条件；适用于使用压缩氢作为燃料，在环境温度为15 ℃时，工作压力不超过35 MPa的燃料电池电动汽车
GB/T 26991-2011	燃料电池电动汽车最高车速实验方法	规定了燃料电池混合动力电动汽车最高车速的实验方法，适用于使用压缩氢气的燃料电池混合动力电动汽车
GB/T 26779-2011	燃料电池电动汽车加氢口	规定了燃料电池电动汽车加氢的定义、型式、要求、实验方法、检测规则；适用于使用压缩氢气为工作介质，工作压力不超过35 MPa，工作环境温度为 -40 ℃ ~60 ℃的燃料电池电动汽车

6.1 燃料电池电动汽车类型与结构原理

随着各国对燃料电池电动汽车产业不断投入，燃料电池电动汽车技术逐渐成熟，全球各大汽车集团均有燃料电池电动汽车商业化的普及。

按"多电源"配置分类，燃料电池电动汽车可分为纯燃料电池驱动（PFC）、燃料电池与辅助蓄电池联合驱动（FC+B）、燃料电池与超级电容联合驱动（F+C）、燃料电池与辅助蓄电池和超级电容联合驱动（FC+B+C）。

6.1.1 PFC 型燃料电池电动汽车

PFC 型燃料电池电动汽车只有燃料电池一个动力源，汽车需要的所有功率都由燃料电池提供。PFC 型燃料电池电动汽车动力系统如图 6-1-1 所示。

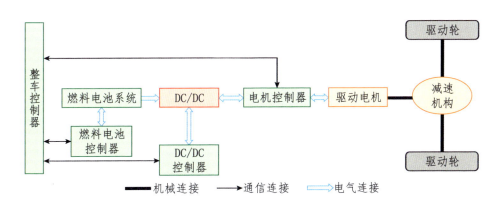

图 6-1-1　PFC 型燃料电池电动汽车动力系统

这种系统结构简单，系统控制和整体布置容易；系统部件少，有利于整车的轻量化；整体的能量传递效率高，从而提高整车的燃料经济性。但燃料电池功率大、成本高；对燃料电池系统的动态性能和可靠性提出了很高的要求；不能进行制动能量回收。

这种结构的燃料电池电动汽车采用的是混合动力结构。它与传统意义上的混合动力结构的差别仅在于发动机是燃料电池而不是内燃机。在燃料电池混合动力结构汽车中，燃料电池和辅助能量存储装置共同向驱动电机提供电能，通过减速机构来驱动汽车。

PFC 型燃料电池电动汽车在工作的过程中，将燃料电池中氢气和氧气反应产生的电能，通过 DC/DC 转化传给驱动电机，驱动电机将电能转换成机械能再传给减速机构，从而驱动汽车行驶。

6.1.2 FC+B 型燃料电池电动汽车

FC+B 型燃料电池电动汽车与 PFC 型燃料电池电动汽车结构有些不同，该类型汽车是在 PFC 型燃料电池电动汽车的结构上增加辅助动力电池，来联合驱动燃料电池电动汽车动力系统。FC+B 型燃料电池电动汽车的主要组成如图 6-1-2 所示。

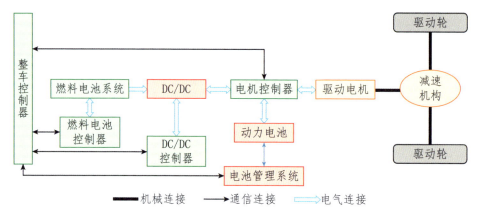

图 6-1-2　FC+B 型燃料电池电动汽车的主要组成

目前这种结构形式应用较为广泛，它解决了诸如辅助设备供电、水热管理系统供电、燃料电池堆加热、能量回收等问题。主要优点是系统对燃料电池的功率要求较纯，燃料电池结构形式有很大的降低，从而大大地降低了整车成本；燃料电池可以在比较好的、设定的工作条件下工作，工作时燃料电池的效率较高；系统对燃料电池的动态响应性能要求较低；汽车的冷起动性能较好；可以回收汽车制动时的部分动能。但这种结构形式由于动力电池的使用使得整车质量增加，动力性和经济性受到影响，这一点在能量复合型混合动力电动汽车上表现更为明显；动力电池充放电过程会有能量损耗，系统变得复杂，系统控制和整体布置难度增加。

6.1.3 F+C 型燃料电池电动汽车

F+C 型燃料电池电动汽车在加速行驶的过程中，燃料电池和动力电池一起为电动机提供能量，驱动电机将电能转换成机械能再传给减速机构，从而驱动汽车行驶；在正常行驶过程中，由燃料电池为整车提供能量；在制动过程中，驱动电机变成发电机，动力电池将存储制动回馈的能量。动力电池充放电响应较快，当能量需求变化较大时由动力电池迅速释放或吸收能量，对动力系统进行能量补偿和调节，从而保障汽车的动力性能。燃料电池与超级电容器联合驱动的燃料电池电动汽车动力系统如图 6-1-3 所示。

但是，超级电容器的比能量低，能量存储有限，峰值功率持续时间短，同时这种混合动力系统结构复杂，对系统各部件之间的匹配及控制要求高，这些成为制约燃料电池和超级电容器混合动力系统发展的关键因素。随着超级电容器技术的不断进步，这种结构将成为一种新的重要发展方向。

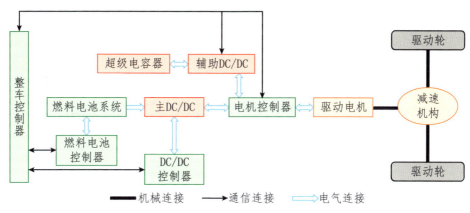

图 6-1-3　F+C 型燃料电池电动汽车动力系统

F+C 型燃料电池电动汽车在加速行驶的过程中，燃料电池和超级电容联合为电动机供能，驱动电机将电能转换成机械能再传给减速机构，从而驱动汽车行驶；在正常行驶过程中，主要由燃料电池提供电能；在制动过程中，驱动电机变成发电机，超级电容将存储制动回馈的能量。超级电容充放电响应相对较快，从而保障了汽车的动力性能。

6.1.4　FC+B+C 型燃料电池电动汽车

FC+B+C 型燃料电池电动汽车燃料电池与动力电池和超级电容器联合驱动车辆行驶。FC+B+C 型燃料电池电动汽车主要组成如图 6-1-4 所示。这种结构与燃料电池 + 动力电池的结构相比优点更加明显，尤其是在部件效率、动态特性、制动能量回馈等方面。缺点也一样更加明显，增加了超级电容器，整个系统的重量将可能增加；系统更加复杂化，系统控制和整体布置的难度也随之增大。

FC+B+C 型燃料电池电动汽车在行驶过程中，燃料电池和超级电容一起为驱动电机提供能量，驱动电机将电能转化成机械能传给减速机构，从而驱动车辆行驶；在汽车制动时，驱动电机变成发电机，动力电池和超级电容储存回馈的能量。在燃料电池、动力电池和超级电容联合供电时，燃料电池能量输出较为平缓，随时间波动较小，而能量需求变化的低频部分由动力电池分担，能量需求变化的高频由超级电容承担。在这种结构中，各动力源的分工更加明确，因此它们的优势得到更好的发挥。

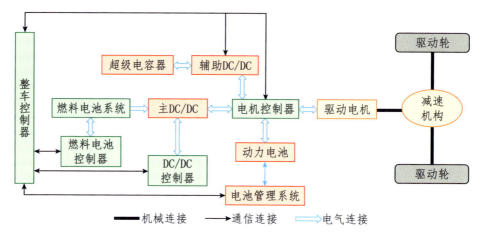

图 6-1-4　FC+B+C 型燃料电池电动汽车主要组成

6.2 质子交换膜燃料电池

燃料电池是一种等温的将储存在燃料与氧化剂中的化学能直接转化为电能的电化学单元。与传统意义上的电池相比，燃料电池有其自身的特点，燃料电池的工作原理、结构设计和管理模式不同于干电池及充电电池。燃料电池系统极其复杂，且其内部的活性物质是独立于燃料电池本身而存在的，对燃料电池提供燃料和氧化剂，它就可以像传统的柴油机、汽油机一样连续不断地工作，与普通热机发电机存在一定的类似性。通常，根据其中电解质种类不同，燃料电池可分为质子交换膜燃料电池（Proton Exchange Membrane Fuel Cell，PEMFC）、碱性燃料电池（Alkaline Fuel Cell，AFC）、磷酸燃料电池熔融碳酸盐燃料电池（Molten Carbonate Fuel Cell，MCFC）、固体氧化物燃料电池（Solid Oxide Fuel Cell，SOFC）和直接甲醇燃料电池（Direct Methanol Fuel Cell，DMFC）等类型。

6.2.1 质子交换膜燃料电池基本结构

质子交换膜燃料电池采用聚合物电解质膜作为电解质，所以其也可以称为聚合物膜燃料电池或简称为膜燃料电池。质子交换膜燃料电池主要由质子交换膜、膜电极组和双极板等组成，如图 6-2-1 所示。

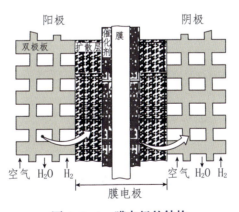

图 6-2-1　膜电极的结构

1. 质子交换膜

质子交换膜是质子交换膜燃料电池中的关键部分。因为用质子导电聚合物做电解质，所以才这样为这种燃料电池命名。组成质子交换膜的基本材料是聚乙烯，其中的氢被氟取代成聚四氟乙烯，氟和碳之间的化学键使膜非常耐用，并且抗化学反应，再添加亚硫酸能

够把 H^+ 离子吸收到电解质中,这种材料是由杜邦公司制造的。

当质子在质子交换膜中传导时,往往是以水合质子的形式进行的。水在膜中起着很重要的作用。质子在膜中的传导率随含水量的增加而增加,近似成正比变化,而随温度的变化是一种非线性关系。通过研究表明,含水量高时,膜充分溶胀,质子在离子簇内传递要跃过的能垒与在通道内的能垒相同;低水含量时,通道变得狭窄,质子在通道内传递要跃过的能垒高于在簇内的能垒,这样就导致部分质子在通道两端聚集,形成微电容。高频时,膜的电容阻抗相当于纯电阻。温度高而导致缺水时,会大幅度增加膜的阻抗,导致无法正常工作。聚合物质子交换膜的主要性质有以下几点。

① 能抗化学反应,热稳定性和化学稳定性高。

② 有良好的力学性能,具有足够的强度和柔韧性,有很强的化学键,因此用它们可以制成极薄的膜。

③ 具有较高的含水量,可以吸收大量的水。

④ 有较高的质子电导率和电子绝缘性。如果膜含有充足的水分,它们所吸收的氟离子就可以很好地通过膜。

2. 膜电极组

质子交换膜燃料电池的性能在很大程度上取决于膜电极组,因为这是燃料电池的核心部分。电解质膜被夹在阳极和阴极之间,电极包括催化剂颗粒和气体扩散层,如图 6-2-2 所示为质子交换膜燃料电池膜电极组示意图。

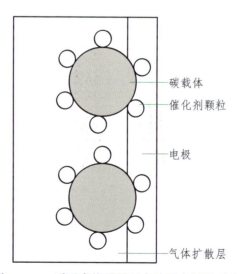

图 6-2-2　质子交换膜燃料电池膜电极组示意图

3. 双极板

双极板(也称为流场板)是构成质子交换膜燃料电池质量和体积的主要部分。不但影响质子交换膜燃料电池的性能，而且还影响其成本，它的主要作用是分隔氧化剂和还原剂，收集电流，引导反应气体均匀分布。常用的双极板材料是无孔石墨板、表面改性的金属板、复合双极板等。在燃料电池电堆中，阳极流场板与阴极流场板背对背制作在一起，即为双极板。

制作双极板的材料要求加工工艺成本低、质量轻、板材薄、力学性能良好、表面和体积电导率高、透气性低、耐腐蚀性好。所以，双极板选取合适的材料和制备工艺技术可以极大地改善质子交换膜燃料电池的性能。

（1）质子交换膜燃料电池的双极板结构应具有如下功能

① 收集传导电流作用。因为燃料电池的电压低、电流大，内阻影响很大，所以必须采用导电性良好的电导体，以保证高效率和低废热。

② 将氧化剂和还原剂分隔开来，并使反应物均匀分配到电极各处，然后传送到电极催化剂层进行电化学反应。

③ 移除电化学反应中产生的水，加湿反应气体。

④ 能够很好地传导反应过程中产生的热量，防止电池局部温度过高。

（2）质子交换膜燃料电池双极结构板应具有以下特点

① 双极板必须是热的良导体。质子交换膜燃料电池的热管理对其性能影响很重要，在燃料电池运行的过程中，要保证其内部各处温度稳定并均匀分布，工作中产生的废热能够快速排出。为了让反应气体、冷却水和反应物更快更好地传递，在双极板的表面刻出诸多的流道。

② 双极板必须具有良好的抗腐蚀能力。由于质子交换膜燃料电池工作条件是酸性电解质，为了保证其能够保持长久的稳定性能，双极板必须具备抗电化学和化学腐蚀的能力。

③ 双极板材料应该具备质量轻、强度高和韧性好的特点，且适于批量加工。

④ 双极板要能够很好地分配气体和液态水。在不同的工作条件下，双极板的流场设计是关键，其目的是保证气体分配和水管理满足应用的要求。

⑤ 有加热板或冷却板。加热板或冷却板可用于加热或冷却燃料电池，这样能够保证质子交换膜燃料电池保持在最佳工作性能温度附近。加热板通常使用欧姆（电阻）热，当空气冷却不足时才使用冷却板，利用液体（例如水）循环来对电池堆进行冷却。

6.2.2 质子交换膜燃料电池工作原理

质子交换膜燃料电池基本工作原理相当于电解水反应的逆过程，聚合物电解质交换膜夹在两个电极（阳极和阴极）之间，交换膜只允许氢质子发生迁移作用而不对电子提供流动的通道。随着电化学反应的持续进行，电子在交换膜两侧迅速生成浓度差，这些电子通过连接两个电极的闭合回路从阳极流向阴极，形成持续的电流。

在阳极催化剂的作用下，氢气解析为氢离子和电子。氢离子以水合质子 H^+ 的形式，

在质子交换膜中从一个硫横基转移到另一个硫横基,最后到达阴极,实现质子的传递。反应式为:

$$2H_2 \rightarrow 4H^+ + 4e^- \quad (6.1)$$

质子交换膜只允许离子 H^+ 穿过,而电子被外部电路的负载所收集,形成可以使用的电流来做有效功,最后再到达阴极与扩散通过交换膜的氧离子和氧气结合起来,形成产物水。反应式为:

$$4H^+ + 4e^- + O_2 \rightarrow 2H_2O \quad (6.2)$$

总的电池反应式为:

$$2H_2 + O \rightarrow 2H_2O \quad (6.3)$$

反应产物水要清除掉,以防止电池"水淹现象"影响正常工作。此外,未使用的氢气和氧气都分别通过电池的阳极和阴极出口排放出去,如图 6-2-3 所示。

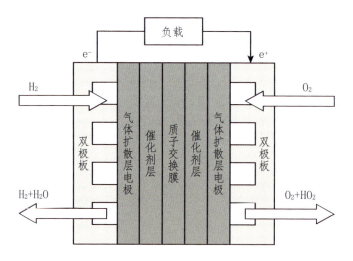

图 6-2-3　质子交换膜燃料电池工作原理

为了使该反应能持续进行下去,阳极产生的电子必须通过外部电路流向阴极,而质子在电迁移作用下通过质子交换膜。单个燃料电池反应大约产生 0.7 V 的输出电压。在实际应用中,需要把多个燃料电池串联起来,组成一个燃料电池堆,彼此电压因串联相加可以得到所需的电压。

6.2.3　质子交换膜燃料电池的特点

质子交换膜燃料电池的特点主要表现在以下几个方面。

① 能量转化效率高。通过氢氧化合作用直接将化学能转化为电能,不通过热机过程,不受卡诺循环的限制。

② 可实现零排放。唯一的排放物是纯净水,没有污染物排放,是环保型能源。

③ 运行噪声低,可靠性高。质子交换膜燃料电池组无机械运动部件,工作时仅有气

体和水的流动。

④ 维护方便。质子交换膜燃料电池内部构造简单，电池模块呈现自然的"积木化"结构，使得电池组的组装和维护都非常方便，也很容易实现"免维护"设计。

⑤ 氢来源广泛。氢是世界上最多的元素，氢气来源极其广泛，是一种可再生的能源资源。可通过石油、天然气、甲醇、甲烷等进行重整制氢；也可通过电解水制氢、光解水制氢、生物制氢等方法获取氢气。

⑥ 技术成熟。氢气的生产、储存、运输和使用等技术目前均已非常成熟，安全可靠。

⑦ 氢纯度要求高。这种电池需要纯净的氢，因为它们极易受到一氧化碳和其他杂质的污染。

⑧ 质子交换膜燃料电池的工作温度低，起动速度相对较快，功率密度较高，所以很适于用作新一代交通工具动力。

6.2.4 质子交换膜燃料电池系统

由燃料电池单体通过串联的方式组成的燃料电池堆必须持续地供给燃料和氧化剂，并及时处理电化学反应产生的水和热才能正常工作。因此，一个能持续向外供电的燃料电池必须配备燃料供给与循环系统、氧化剂供给系统、水/热管理系统及协调各系统工作的电子控制系统。

典型的质子交换膜燃料电池系统如图 6-2-4 所示。

（1）燃料电池电堆

燃料电池电堆由多个单体电池以串联方式层叠组合而成，将双极板与膜电极交替叠合，在各单体之间嵌入密封件，经前、后端板压紧后用螺杆紧固拴牢，即构成质子交换膜燃料电池电堆。

当电堆工作时，氢气和氧气分别由进口引入，经电堆气体主通道分配至各单体电池的双极板，再经双极板流道的导流均匀分配至电极，通过电极支撑体与催化剂接触进行电化学反应。

（2）燃料及其循环系统

质子交换膜燃料电池用纯氢作燃料，也可用甲醇、天然气等碳氢化合物作燃料。以纯氢为燃料的循环系统，由氢源、稳压阀和循环回路组成。其中，氢源可以采用压缩氢气、液氢或金属氢化物储氢；稳压阀的作用是控制燃料氢气的压力；循环回路用以循环利用过量的燃料气，通常是用一个循环泵或喷射泵将过量的氢气送回到电池燃料气的入口处，因此，氢源所提供的氢几乎全部被用来发电。

如果质子交换膜燃料电池以碳氢化合物为燃料，则其燃料循环系统至少还应包括一个燃料处理器，用来将燃料或燃料与水的混合物转换成蒸汽。在由燃料转换而来的气体中，包括大部分氢、二氧化碳、水和微量的一氧化碳。转换气中的惰性气体和其他气体都将在不同程度上影响燃料电池的性能,而低温下CO很容易吸附在铂催化剂上,引起催化剂中毒,导致电池性能下降。为防止CO中毒,必须将转换气中CO的质量分数控制在0.01%以下,通常用一个转换器或一个选择氧化器来实现。

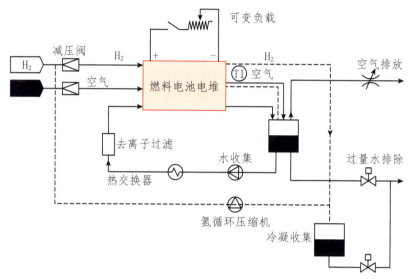

图6-2-4　典型的质子交换膜燃料电池系统

（3）氧化剂及其循环系统

质子交换膜燃料电池的氧化剂采用纯氧或空气,如果用纯氧作氧化剂,则其系统组成及控制与纯氢燃料循环系统类似。实际运用的质子交换膜燃料电池均采用空气作氧化剂,并且根据不同的应用需要,有常压空气和压缩空气两种。

当采用常压空气作氧化剂时,燃料电池系统的结构较为简单。由于燃料电池性能随着氧压力的增大而提高,因而在获得同等电池性能的前提下,采用常压空气作氧化剂的质子交换膜燃料电池系统的结构尺寸较大,制造成本也相对更高。此外,采用常压空气的循环系统增加了燃料电池系统水/热管理的难度。

采用压缩空气作氧化剂的循环系统则要复杂一些,通常包含一个由质子交换膜燃料电池驱动的压缩机和一个可以从排放气中回收部分能量的涡轮热膨胀器。

采用何种形式的氧化剂,需要综合权衡特定应用场合下系统的效率、燃料电池重量及制造成本。

（4）水/热管理系统

水/热管理系统也是质子交换膜燃料电池系统的重要组成部分。

以压缩空气为氧化剂的质子交换膜燃料电池所采用的典型的水热管理系统可参照图6-2-4。从图6-2-4中可以看出,大部分的反应产物水随着过量的空气流从阴极排出。通常,氧化剂的流量是质子交换膜燃料电池发生反应所需化学计量流量的2倍。由于质子交换膜燃料电池的最佳工作温度约为 80 ℃，并且反应产物均以液态形式存在，易于收集，因而其水管理系统相对较为简单。其他类型的燃料电池的反应产物水也可由阳极排出。

在多数质子交换膜燃料电池系统中，反应产物水被用于系统的冷却和部分用来加湿燃料气和氧化剂。反应产物水首先通过燃料电池堆的反应去冷却电堆本身。在冷却的过程中，水蒸气被加热至燃料电池的工作温度，被加热的水再与反应气体接触，起到增湿的效果。除了在增湿过程中部分热量被反应气体带走外，还需要通过进一步的热交换过程，以便将水中多余的热量带走，防止因质子交换膜燃料电池系统热量逐渐积累而造成电池温度上升、性能下降。这个热交换过程是通过水/空气热交换器来完成的。对于一些特殊的质子交换膜燃料电池系统，这部分过多的热量也可用作空调（加热）和饮用热水来使用。

（5）控制系统

从图 6-2-4 可知，质子交换膜燃料电池系统由众多子系统组成，每个子系统既独立，又相互联系。因此，任何一个子系统工作失常都将直接影响燃料电池的性能。为确保整个系统可靠地运行，需要由控制系统对各子系统进行协调控制。控制系统由各种传感器、电子控制器及控制执行器（阀、泵、调节装置等）组成。随着燃料电池电堆技术的日趋成熟，控制系统已成为决定燃料电池系统性能和制造成本的关键因素之一。

6.2.5 质子交换膜燃料电池的工作特性及影响因素

反映质子交换膜燃料电池工作性能好坏的重要参数有工作电压、输出电流及输出功率等。在燃料电池工作过程中，影响其工作特性的因素主要有燃料电池电堆本身的技术状况、燃料电池的工作条件及燃料电池系统的水/热管理。

1. 燃料电池电堆本身技术状况的影响

燃料电池电堆的技术状况对质子交换膜燃料电池工作性能起着关键的作用，而影响电堆性能的主要因素有以下几点。

① 膜电极的结构、制备方式和条件。

② 质子交换膜的类型、厚度、预处理情况、传导质子的能力、机械强度、化学和热稳定性。

③ 催化剂的含量和制备方法。

④ 双极板的结构和流场的结构与布置。

2. 燃料电池工作条件的影响

① 工作电压、功率密度及能量效率与输出电流的关系，质子交换膜燃料电池的电压、功率与输出电流之间的关系如图 6-2-5 所示。从图 6-2-5 中可知，燃料电池的工作电压随着输出电流的增大而下降，但其功率却增大。由于燃料电池的效率主要与其工作电压有关，

因此，当燃料电池电压高而能量效率高时，其功率却较低。最优化的燃料电池电堆设计，是使电堆在较大的输出电流时能有较高的电压，以使电堆既有高的功率输出，又有高的能量效率。对于电动汽车用燃料电池，要求其有高的功率密度和较低的成本。这在大电流输出的状态下才能实现。

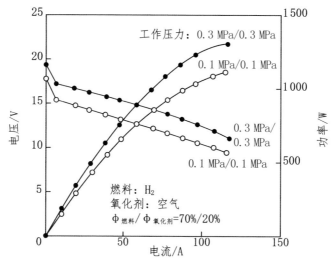

图 6-2-5　质子交换膜燃料电池的电压、功率与输出电流之间的关系

② 工作压力的影响。H_2 与空气压力的比值为 0.3 MPa/0.3 MPa 时的工作电压及输出功率要高于 0.1 MPa/0.1 MPa 时的工作电压及输出功率，如图 6-2-5 所示。显然，质子交换膜燃料电池的反应气体的压力越高，其性能也就越好，阴极反应物（氧气或空气）的压力对燃料电池性能的影响尤为明显。为了减少氢气通过交换膜互相扩散，以避免产生氢氧混合物而引发危险，应尽可能减少膜两侧的压力差。

③ 工作温度的影响。质子交换膜燃料电池的工作温度对其工作电压的影响如图 6-2-6 所示。从图 6-2-6 中可知，质子交换膜燃料电池的工作温度高时，在各种电流密度下的工作电压也高。这说明工作温度高时，燃料电池的输出功率也大，效率也有所提高。主要的原因是随着工作温度的升高，反应气体向催化剂层的扩散速度及质子从阳极向阴极的运动速度均有提高。当质子交换膜燃料电池工作时，其质子交换膜必须保持适当的湿润状态，以确保质子交换膜具有良好的质子传导性，这就需要反应生成的水应尽量为液态。因此，在常压下，质子交换膜燃料电池的工作温度不能超过 80 ℃，在 0.4 MPa~0.5 MPa 压力下的工作温度不能高于 102℃。

④ 燃料气中杂质的影响。燃料气中的杂质主要有 CO、CO_2、N_2 等。其中，CO 对燃料电池性能的影响极大，如图 6-2-7 所示。燃料气中的 CO_2、N_2 等气体对燃料电池性能的影响如表 6-2-1 所示。

从表 6-2-1 中可知，高含量的 CO，对燃料电池性能的影响很大。这是因为在阳极的催化剂 Pt 上吸附的 H_2 和 CO_2 互相作用会引起 CO 中毒。

⑤ 空气对燃料电池的影响。从图 6-2-6 中可看出，用空气作氧化剂时，燃料电池的工作电压下降了，并在低电流密度时出现了电压－电流线性区的偏离。这主要是由氮障碍层效应和空气中氧分压较低造成的。

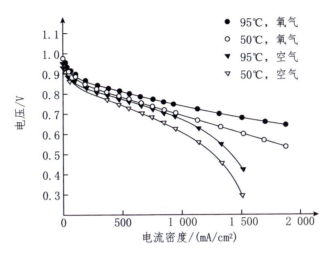

图 6-2-6　质子交换膜燃料电池的工作温度对其工作电压的影响

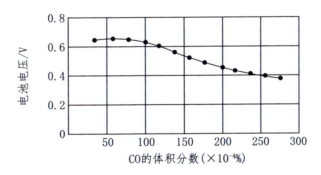

图 6-2-7　燃料气中 CO 对燃料电池性能的影响

表 6-2-1　燃料气中 CO_2、N_2 等气体对燃料电池性能的影响

燃料气组成	纯 H_2	75%H_2，25%CO_2	75%H_2，25%N_2	98%H_2，2%CO_2
单体电池电压 /V	0.6	0.31	0.58	0.51

6.3 丰田 Mirai 燃料电池电动汽车结构

丰田 Mirai 燃料电池电动汽车是一款氢燃料电池汽车，也是最早形成商业化的燃料电池电动汽车之一，其主要性能如图 6-3-1 所示。

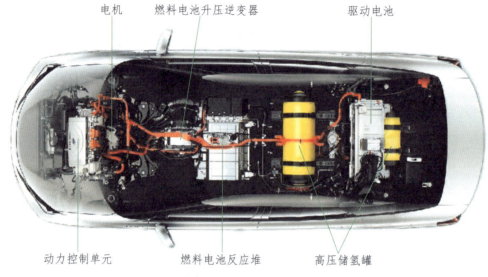

图 6-3-1　丰田 Mirai

丰田 Mirai 燃料电池电动汽车属于前面介绍的 FC+B 型混合动力驱动汽车，动力电池在必要时与燃料电池一起为驱动电机提供能量，动力电池的充电由燃料电池在整车控制器及动力电池管理器的协同作用下完成。动力电池与丰田其他混合动力车型相同采用镍氢电池，如图 6-3-2 所示，因为镍氢电池的特性更加适合混合动力车型的要求。

驱动电机将燃料电池或动力电池提供的电能转化为机械能，驱动车辆行驶。与大多数混合动力车型或纯电动车型相同，丰田 Mirai 燃料电池电动汽车也采用同步交流电动机，安装在前机舱。同步交流电动机外观多种多样，但基本结构原理相同，剖视图如图 6-3-3 所示。

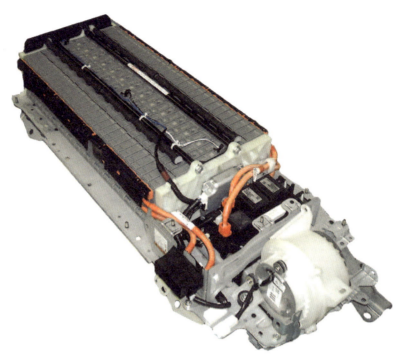

图 6-3-2　镍氢电池

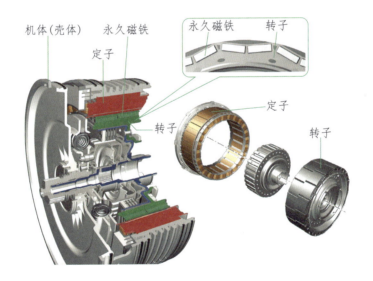

图 6-3-3　同步交流电机剖视图

第 7 章 其他清洁能源汽车

【学习目标】

1. 认识其他清洁能源汽车
2. 掌握其他新能源汽车的工作原理
3. 了解其他新能源汽车的优点

【导语】

随着经济的迅速发展和汽车保有量的高速增长,我们正面临着汽车能源需求与环境保护的双重巨大压力。我国石油保有储存量仅占世界的 2.4%,成为纯石油进口国,我国石油的供应严重不足。另外,我国的汽车排放尾气已成为污染环境的主要污染源之一。针对我国自然条件和能源资源特色,逐步改变汽车能源结构,发展汽车清洁代用燃料,确保这些燃料在发动机上实现高效、低污染的燃烧,才能控制汽车发动机有害污染物排放对我国空气质量带来的日趋严重的影响。

通过本章的学习认识其他清洁能源汽车,及清洁能源汽车的优点,掌握其他新能源汽车的工作原理。

7.1 气体燃料汽车

众所周知，内燃机所用的材料，不仅仅有汽油、柴油，还可以用下列代用燃料：天然气（GN）、液化石油气（LPG）、人工煤气、氢、生物汽（如沼泽气）及甲醇、乙醇等。多年的实验研究表明，综合环保、价格等方面的因素，在气体代用燃料中，天然气是公认的首选代用燃料，其次是液化石油气。

7.1.1 天然气汽车

1. 天然气汽车优点

天然气是一种无须提炼的天然气种，无色、无味（输送中加入特殊臭味以便泄漏时可及时察觉）、无毒且无腐蚀性，主要成分为甲烷（CH_4）。天然气比空气轻，泄漏时会飘浮于空中，比液化石油气容易扩散，安全性比其他燃气更好。天然气作为汽车的代用燃料，其主要优点有以下几个方面。

① 辛烷值高（可达 120 以上），抗爆性好，可通过提高发动机的压缩比的办法，提高发动机的热效率。

② 天然气本身是气态，与空气混合均匀，燃烧完全，不积炭，可提高热效率10%以上。

③ 对环境污染小。汽车使用天然气与使用汽油相比，排放一氧化碳（CO）减少97%，碳氢化物（HC）减少72%，氮氧化物（NO_x）减少39%，二氧化碳（CO_2）减少24%，二氧化硫（SO_2）减少90%，苯、铅等粉尘减少100%，噪声降低40%。

④ 天然气进入发动机气缸内时是气态，对润滑油无冲刷稀释作用，有利于延长机油的使用寿命和减少机油的消耗量，发动机磨损也相应减少。

⑤ 用天然气作发动机燃料，其燃料费用是汽油车的 2/3（天然气尽管其热值较汽油略低，但其价格低），且燃料燃烧完全，无积炭，无爆震，汽车使用寿命大大延长，维修费用仅为汽油车的 70%。

⑥ 安全性好，天然气相对密度较空气小，为 0.58，一旦发生泄漏，会很快在空气中消失。但汽油不易扩散，一遇火星易着火。

天然气的热值较汽油低，使用天然气时，如不改变发动机的结构参数，发动机的功率要下降 10%~18%。但天然气的辛烷值高，可通过提高发动机的压缩比的方法来提高发动机的功率，从而弥补由于热值低带来的功率下降。天然气的着火极限较汽油宽，它可在 $x=0.58$~1.8 的范围内着火燃烧，这样有利于燃烧稀混合气，提高使用天然气汽车的燃料经济性。按国家《燃气汽车改装技术要求》标准，燃油车可改装为燃气汽车，发动机额定功率不低于原车的 85%，发动机最大扭矩不低于原车的 90%，汽车最高车速不低于原车的 90%，汽车加速性能不低于原车的 85%，直接挡最低稳定车速不高于原车的 5%，天然气额定充气压力 20 MPa。

2. 天然气汽车分类

天然气作为汽车燃料按照所使用状态的不同，可分为压缩天然气（CNG）汽车和液化天然气（LNG）汽车。

（1）压缩天然气（CNG）汽车

压缩天然气是将天然气用压缩机加压到 20 MPa 储存在车载高压气瓶中，经减压后供发动机使用。当今世界上的 CNG 汽车绝大多数是用原来的汽油汽车改装的。汽油车的改装从理论到实践基本成熟，而用柴油车改装 CNG 汽车正处在试验研究阶段。用汽油车改装的 CNG 汽车称为 CNG/汽油两用燃料汽车，简称 CNG 汽车，如图 7-1-1 所示。

图 7-1-1　压缩天然气汽车

（2）液化天然气（LNG）汽车

液化天然气是指常压下、温度为 -162 ℃ 的液体天然气，储存于车载绝热气瓶中。使用时要先经过蒸发调压器汽化后，提供给发动机。目前世界上使用较多的是压缩天然气汽车，如图 7-1-2。

图 7-1-2　液化天然气汽车

3. 压缩天然气汽车的结构与原理

（1）压缩天然气汽车结构

通常 CNG 汽车采用定型汽油车改装，在保留原车供油系统的情况下，增加一套"CNG 型车用压缩天然气装置"。部分 CNG 车型以天然油为主，仅保留应急汽油箱，确保车辆正常行驶，大众途安、开迪天然气汽车组成如图 7-1-3 所示。

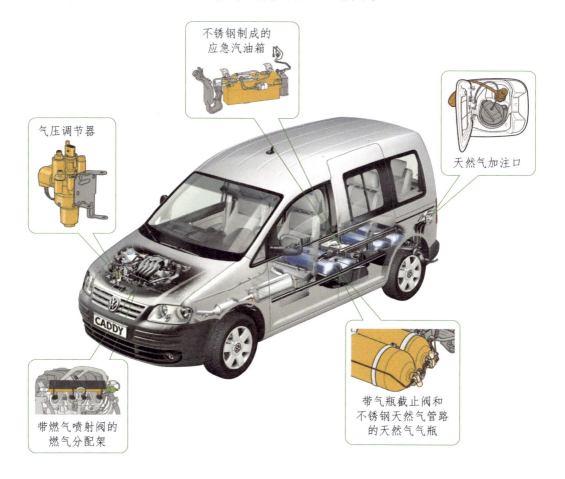

图 7-1-3　大众途安、开迪天然气汽车组成

天然气汽车的天然气存储与供给系统如图 7-1-4 所示，由天然气气瓶（带气瓶截止阀）、不锈钢高压天然气管路、气压调节器、燃气分配器、压力传感器等组成。

① 天然气气瓶。

大众途安天然气汽车上安装有四个总容积约为 115 L 的天然气气瓶。为了充分利用底板总成下方的可用空间，这四个天然气气瓶的大小各不相同，如图 7-1-5 所示。

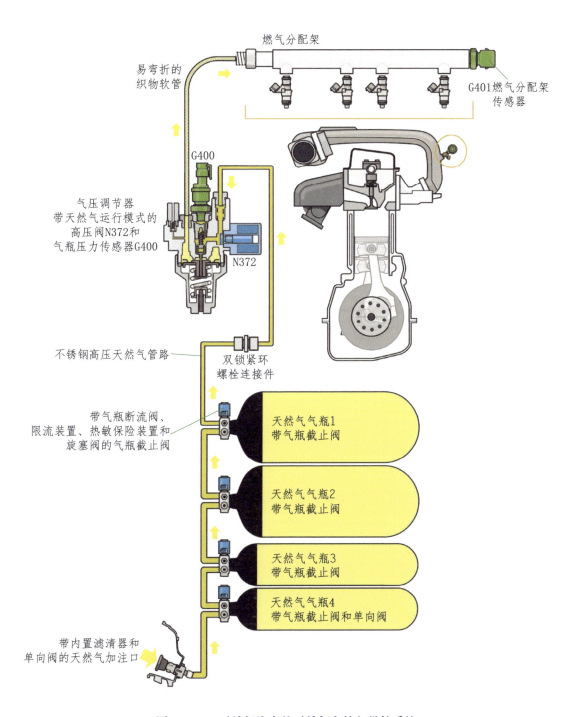

图 7-1-4 天然气汽车的天然气存储与供给系统

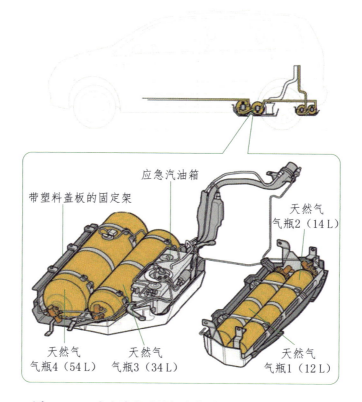

图 7-1-5　大众途安天然气汽车天然气气瓶布置与规格

四个天然气气瓶安装在两个燃料储存装置固定架上。前固定架位于后桥前面与底板总成拧在一起。在该固定架上面装有两个较大的天然气气瓶和一个应急汽油箱。应急汽油箱的容量约为 13 L。而在后桥后面的燃料储存装置固定架上装了两个较小的天然气气瓶。

大众开迪天然气汽车四个气瓶和途安天然气汽车上的布置形式一样。不同的是开迪天然气汽车上四个天然气气瓶具有统一的容量（40 L），如图 7-1-6 所示。

天然气汽车在天然气加注口和气瓶截止阀内分别安装了一个单向阀。单向阀的作用是在天然气加注时防止回流，天然气加注口内的单向阀工作过程如下：

天然气气瓶在大约 20 MPa 的高压下进行加注。这个压力克服了压力弹簧的弹簧力，并将密封球阀从密封座内推出（如图 7-1-7 所示）。然后天然气会穿过滤网流入天然气气瓶。

如果阀门进气侧上的压力消除，则压力弹簧以及天然气气瓶内已经达到的充气压力会将球阀再次压回密封座（如图 7-1-8 所示），以避免气体回流。

在每个气瓶上都安装了一个结构复杂的气瓶截止阀。气瓶截止阀由手动旋塞阀、气瓶连接螺纹、不锈钢天然气管路连接螺纹、限流装置、热敏保护装置、单向阀组成，如图 7-1-9 所示。

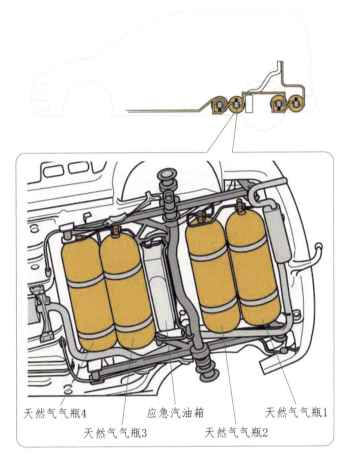

图 7-1-6 大众开迪天然气汽车气瓶布置

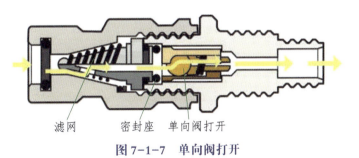

图 7-1-7 单向阀打开

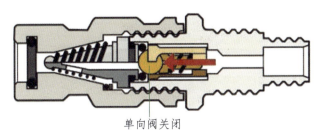

图 7-1-8 单向阀关闭

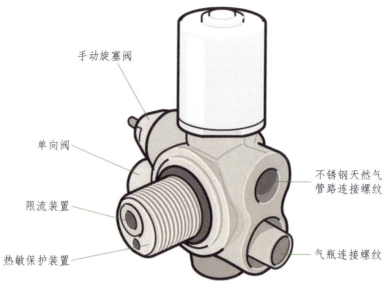

图 7-1-9 气瓶截止阀外观

气瓶截止阀结构如图 7-1-10 所示,展示了气瓶截止阀内各部件的相互作用情况。在加注天然气使其流入第一个气瓶截止阀前,天然气必须先通过一个单向阀。接着,天然气就会到达气瓶断流阀,该阀门在高压作用下被往上推。这意味着通往天然气气瓶的通道被打开,此时天然气就可以流入气瓶中。

其间,天然气会流经手动旋塞阀并通过限流装置流入天然气气瓶。

热敏保险装置通过一个细小的、单独的通道直接与天然气气瓶相连。

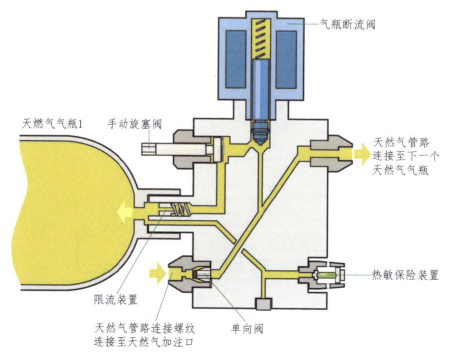

图 7-1-10 气瓶截止阀结构

气瓶断流阀是一个电磁阀,由发动机控制单元在天然气运行模式下进行控制。这些阀是各气瓶截止阀的组成部件。气瓶断流阀用于开启和关闭通往天然气气瓶的通道。在汽车的天然气运行模式下,它们由发动机控制单元打开。在加注时,这些阀门通过天然气的充气压力打开。气瓶断流阀外观和剖面图如图 7-1-11 所示。

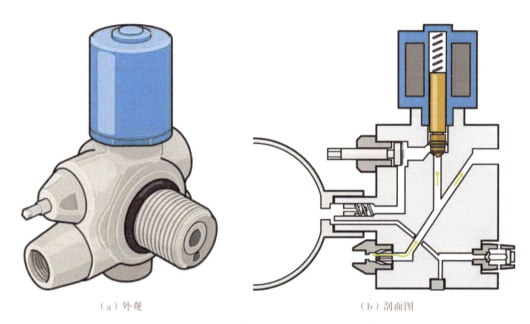

(a)外观　　　　　　　　　　　　(b)剖面图

图 7-1-11　气瓶断流阀外观和剖面图

加注天然气时气瓶断流阀的工作原理如下:

如图 7-1-12 所示,在加注时,气瓶断流阀不通电。由于加注时的压力较高,因此阀门会克服弹簧力向上顶,从而打开通往天然气气瓶的通道。当加注过程结束时,阀门在弹簧力的作用下被往下压,从而关闭通往天然气气瓶的通道。

天然气运行模式下气瓶断流阀的工作原理:

如图 7-2-13 所示,发动机控制单元向气瓶断流阀通电。在磁场的作用下,阀门被向上拉起并打开通往天然气气瓶的通道。当天然气运行模式结束时,发动机控制单元切断气瓶断流阀上的电流,此时阀门在弹簧力的作用下被往下压,从而关闭通往天然气气瓶的通道。

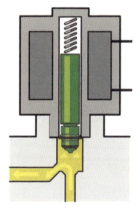

图 7-1-12　加注天然气时气瓶断流阀的状态

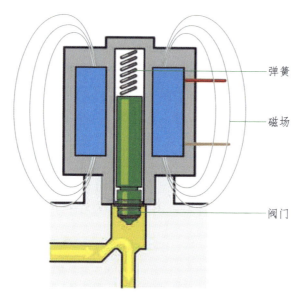

图 7-1-13 天然气运行模式下气瓶断流阀的状态

② 气压调节器。

气压调节器的作用是将天然气压力从 20 MPa 降低至 0.6 MPa。天然气减压过程是通过气压调节器内的一个减压器实现的。该减压器可以将天然气装置的高压侧与低压侧分开。气压调节器结构如图 7-1-14 所示。

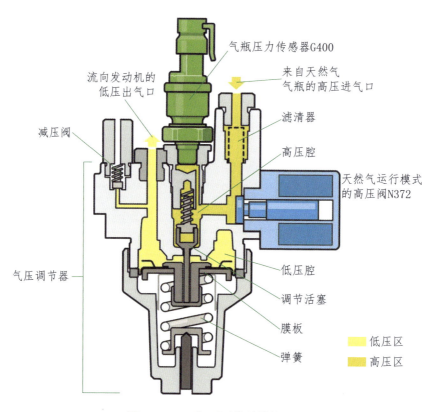

图 7-1-14 气压调节器结构

(2) 压缩天然气工作原理

CNG 汽车燃料供给系统分天然气气路、控制电路和汽油油路三大部分，充气站将压缩天然气，通过充气阀充入储气瓶至 20 MPa。当使用天然气作燃料时，安装在驾驶室内的油气燃料转换电开关，拧到"气"的位置，此时天然气电磁阀打开，汽油电磁阀关闭，燃气 ECU 根据发动机工况等自动控制燃料停供和转换，同时由燃气 ECU、氧传感器、电控调节阀共同实现空燃比闭环控制。在电控燃气供给系统中，模拟器一般与燃气 ECU 制成一体，其作用是在燃用天然气时对喷油器进行关闭控制，并产生喷油器工作正常的模拟信号输送给燃油 ECU。储气瓶内的 20 MPa 高压天然气通过高压管路进入减压调节器减压，再通过低压管路、功率阀进入混合器，即燃气 ECU 指令根据发动机不同工况最佳空燃比的要求，通过功率阀控制步进电机或占空比电磁阀动作，改变低压输送管路流通截面，以精确控制进入混合器的天然气量。由于燃气与汽油的化学性质不同，在同一工况下的最佳点火提前角也不同，因此，需要一个点火时间转换器来满足发动机燃用燃气和燃油时对点火提前角的不同需要。点火时间转换器与油气转换开关联动，通过手动开关，统一控制油气电磁阀和点火时间转化器。

7.1.2 液化石油气汽车

液化石油气是石油开采、裂解、炼制得到的副产品，其主要成分是丙烷、丙烯、丁烷、丁烯和丁二烯。

1. 液化石油气汽车优点

(1) 清洁环保

LPG 常温下为气态，理化性能优于汽油和柴油，且 LPG 的燃烧速度比汽油快 8%~21%，燃烧较为完全，与汽油排放相比，HC 减少 35%~42%，CO 减少可达 90% 以上，NO 减少 30%~40%，噪声降低 40%，尾气排放中不含铅和苯，硫含量极微，大大减少了对环境的污染，故当之无愧地被称为"清洁燃料"。

(2) 有较好的抗爆性

LPG 的主要成分丙烷的辛烷值高达 111，比优质汽油高 8%~16%，抗爆性能好。当应用于汽油机时，适当提高压缩比和点火提前角，就可以提高发动机性能。

(3) 低温起动性好

LPG 的主要成分丙烷的沸点为 -42℃。试验证明，在环境温度为 -30℃时，LPG 汽车无须采取特别措施就可以顺利起动。

(4) 经济实惠

LPG 以气态进入气缸，燃烧完全，积炭少，这使发动机的大修期延长 30%~40%，使润滑油更换周期延长 50%，降低了维护费用和运行成本。

（5）安全可靠

车用 LPG 系统设有安全保护装置，不易泄漏；LPG 的比重是 0.54，即使稍有泄漏，在极短的时间内空气含量也很难达到 2.2%~8.5% 的爆炸极限，而且其主要成分丙烷的着火温度为 539 ℃，比汽油的 390 ℃~430 ℃ 和柴油的 350 ℃ 高，火焰传播速度较低且诱导期较长，即使因意外事故碰撞也不会爆炸燃烧。

2. 液化石油气汽车缺点

液化石油气汽车与燃油汽车相比，具有以下几方面的缺点。

① 改装后的液化石油气汽车动力性有所下降。

② 在天气冷的地方，冬天气温低于 0 ℃ 时会出现冷起动困难的问题。

③ 相同气缸容量的汽车，液化石油气汽车续驶里程较用汽油的汽车短 14%，要充气的次数较密。

④ 汽车以双燃料方式并存时，整车成本较高。

⑤ 因为液化石油气汽车的充气站仍未普遍，若要远行，离开市区的地方便有不能补充燃料的问题。

3. 液化石油气汽车的结构与原理

LPG 的燃料理化特性与汽油较为接近，因此 LPG 汽车通常是在原汽油发动机的基础上，增加一套液化石油气装置，并与原车燃油系统协调连接好，形成能够自如实现燃料工作方式转换的两套独立系统（燃油系统和 LPG 系统）。改装后形成的汽车即为两用燃料汽车，简称 LPG 汽车。增加的液化石油气装置包括液化石油气气瓶、气瓶集成阀、蒸发（汽化）调压器、混合器及控制系统等。该套装置一般多布置在发动机舱内，但燃料转换开关安装于驾驶室内易操作处，气瓶在后备箱中。

（1）主要部件结构

① 液化石油气气瓶。LPG 气瓶组件由电焊接钢瓶、集成阀、充液气阀防护盒、支架等组成。液化石油气在常温工作压力 1.6 MPa 时即可液化装瓶。气瓶可用普通钢板或薄壁钢管制成，直径也可大一些。液化石油气储气瓶的阀门与压缩天然气供给系统基本相似，但一般截面较小。

② 气瓶集成阀。在轿车用气瓶上，多将气瓶附件包括各种阀门和液面计等集成为一体构成集成阀，它具有限量充装、储量显示、充液、手动截止和安全防护等多项功能。在气瓶充液时，当 LPG 达到气瓶容积的 80% 时，集成阀内的限量充装阀自动关闭，停止充液。利用集成阀内的液面计指示气瓶内的 LPG 储量。集成阀上装有安全阀，该阀在 2.5±0.2 MPa 的压力下自动开启放气。另外，在出液口还装有一个安全阀，当发生供气管路破裂而有大量 LPG 泄漏时，只要该阀两侧的压力差超过 0.1 MPa，该阀就自动关闭出液口。

③ 蒸发（汽化）调压器。多数 LPG 蒸发调压器具有预热、蒸发和调压功能。其作用

是把具有一定压力的液态 LPG 蒸发成气态，通过流经汽化调节器的发动机冷却液的作用，使刚刚进入汽化调节器的液态 LPG 受热更加容易汽化，形成可以直接进入发动机燃烧的气态 LPG。汽化调节器设置在钢瓶和混合器之间，根据发动机不同工况提供压力稳定的、适量的 LPG 以保证发动机处于正常稳定的工作状态。为增大热交换器的热交换量，一般采用迷宫式或管式结构，材料为热传导性能好的铝或铜。

④ 混合器。LPG 供给系统混合器的结构和工作原理与 CNG 供给系统的混合器相同，主要组件有混合器、功率阀和调节阀。它根据汽车发动机各种工况，提供合适空气/液化石油气混合比和合适的混合气量。一般有 3 种结构，即盘式混合器、管式混合器、化油器混合器，根据车型不同选用不同的混合器。

（2）工作原理

如图 7-1-15 所示，当汽油/LPG 转换开关置于 LPG 位置时，LPG 从气瓶流入蒸发调压器，并在其中蒸发减压，然后进入混合器，在混合器中与空气混合后进入发动机气缸燃烧。电控单元根据氧传感器和发动机转速传感器的信号，通过改变通向真空电磁阀的脉冲信号占空比来调节蒸发调压器膜片室的压力，以控制蒸发调压器的输出压力和供气量，从而实现供气量的闭环控制。

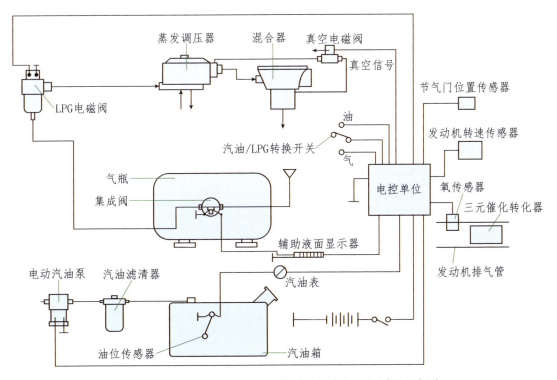

图 7-1-15　LPG 汽车燃料供给系统组成与工作原理示意图

7.2　生物燃料汽车

生物燃料汽车概念比较广泛，本节重点介绍的是醇类燃料，同时又特指甲醇和乙醇，但也包括正丙醇、异丙醇、正丁醇、异丁醇、正戊醇、异戊醇、仲丁醇、叔丁醇等高碳醇。这些醇类，除了本身可以作内燃机的替代燃料外，也可以作汽油的高辛烷值调和剂，其中高碳醇还可以作为甲醇与汽油或柴油、乙醇与汽油或柴油之间的助溶剂。醇类燃料可以利用植物或煤炭制取，来源有保障。使用比较广泛的是乙醇。目前，醇类汽车多使用乙醇和汽油或柴油掺混的燃料驱动，既不需改造发动机，又起到良好的节能、降污效果。

7.2.1　甲醇燃料

甲醇是一种易溶于水的无色透明液体，具有质量轻、略有臭味、易燃、易挥发、含氧高、辛烷值高的特点。甲醇作为燃料，其燃烧特性接近于目前使用的液体燃料，其抗爆性好，燃烧时不产生黑烟，排放少，火焰热辐射比汽油的小，不易造成邻近的二次火灾。

甲醇作为内燃机燃料具有以下几个特点。

① 辛烷值比汽油高，因此可通过增大发动机的压缩比来提高发动机的热效率。

② 甲醇的燃烧速度和火焰传播速度比汽油快，所以燃烧的定容性好，燃烧持续期短，过后燃烧程度小，有利于热效率提高。

③ 甲醇具有较高的含氧量，使用甲醇汽油可以有效提高发动机的热效率，减少汽车一氧化碳及碳氢化合物的排放，只是未燃烧的甲醇及燃烧后的醛类排放物则比普通汽油有明显增加。

④ 甲醇的汽化热比汽油高两倍多，进入气缸后会吸收周围的热量才能汽化，吸热的过程降低了燃烧室内和气缸盖的温度，使外传热量减少，提高了发动机的热效率。

⑤ 甲醇的着火燃烧浓度界限范围比较宽，更容易稀燃，这将使发动机的工况范围比较宽，有利于提高排气净化性能和降低油耗。

⑥ 醇类内燃机的有关部件和油箱需要选用合适的防腐材料。原因是甲醇在生产过程中一般会含有酸性物质；在储存过程中，甲醇受到空气的氧化或细菌发酵也会产生少量的有机酸；自身的吸水性使之含有少量水分；燃烧后产生的甲醛、甲酸等都会对发动机产生较为严重的腐蚀和磨损影响。

专门设计的用于燃烧甲醇燃料的汽车就称为甲醇燃料汽车，如图7-2-1所示。

甲醇燃料汽车由于也有冷起动的问题，所以甲醇用于汽车也多以与汽油混合的形式。最常见的是M85，就是85%的甲醇和15%的汽油混合溶液。

中国一些地区现在示范使用含 15% 甲醇的甲醇汽油，这种甲醇汽油含有与汽油互溶的助溶剂，也含有抑制金属腐蚀的腐蚀抑制剂，汽油发动机不采用任何改动就可以使用这种燃料。

由于甲醇有毒，因此在甲醇使用的各个环节中都要特别注意，要制订相应的管理制度和使用方法来确保使用安全。

图 7-2-1　甲醇燃料汽车

7.2.2　乙醇燃料

乙醇俗称酒精，它在常温、常压下是一种易燃、易挥发的无色透明液体，它的水溶液具有特殊的、令人愉快的香味，并略带刺激性。以玉米为原料的淀粉质发酵生产乙醇工艺技术成熟，产品质量较好，是目前世界乙醇生产最主要的工艺。

乙醇作为内燃机燃料具有以下几个特点。

① 辛烷值高、抗爆性能好，添加乙醇可以有效地提高汽油的抗爆性。

② 乙醇含氧量高达 34.7%，添加 10% 的乙醇，燃料氧含量可达 3.5%。

③ 通过添加乙醇改变汽油组成，可以有效地降低汽车尾气排放。美国汽车/油料（AQIRP）的研究报告表明：使用 6% 乙醇的加州新配方汽油与常规汽油相比，碳氢化合物排放减少 10%~27%，一氧化碳排放减少 21%~28%，氮氧化物排放减少 7%~16%，有毒气体排放减少 9%~32%。只是非常规排放物，如醛、醇、苯和丁二烯的排放有所增加。

④ 乙醇的热值比常规汽油的热值低。因此，使用乙醇汽油，发动机的油耗随着乙醇掺入量的增加而增加。有资料报道，当使用 10% 乙醇的混合汽油时，发动机的油耗约增加 5%。若在辛烷值相同的前提下，发动机的动力性能也会因乙醇的含量增加而有不同程度的下降。

⑤ 乙醇在生产过程中一般会含有酸性物质，而且在储存时由于空气的氧化或细菌发酵也会产生少量的有机酸，且其本身具有吸水性也会使其含有少量水分，这些都会对发动

机产生较为严重的腐蚀和磨损。

⑥乙醇调入汽油后，会产生明显的蒸气压调和效应，乙醇本身的饱和蒸气压为18 kPa，当乙醇添加量为3%~5.7%时，乙醇汽油的调和蒸气压随乙醇添加量增加而提高，最高达58 kPa；当乙醇添加量大于5.7%时，乙醇汽油的调和蒸气压随乙醇添加量增加而逐渐降低。

由于热值低，一般来说乙醇汽车跑同样多的里程需要更多的燃料。但是，由于辛烷值高，如果采用专门设计的高压缩比发动机，燃烧的热效率就会有所提高，可以适当补偿热值低的缺陷。由于含氧，所以在燃烧的时候就可以比汽油少消耗一点氧气，导致发动机燃料与空气相混配的比例与使用汽油不同。所以，要充分发挥乙醇的性能，需要设计专门的发动机。

但是，汽车一般不会使用纯乙醇作为燃料。因为纯乙醇在汽化时需要更多的热量（汽化潜热大），这样，汽车在冷天的起动性能不好，故通常在汽油中加入一定量的乙醇作为燃料使用。一般最高使用E85乙醇汽油，即含85%的乙醇和15%的汽油的混合燃料。世界上使用乙醇最多的是E22乙醇汽油。在巴西，全国都使用乙醇汽油，普遍使用的是E22乙醇汽油。这样大比例的乙醇汽油，就需要专门设计的发动机，如图7-2-2所示。

图7-2-2 乙醇燃料汽车

7.2.3 甲醇燃料汽车示范推广存在的问题

我国尽管已进行了大量的甲醇燃料汽车试验和研制工作，小范围应用也取得了成功，但也出现了一些问题。

1. 燃烧甲醇燃料会对汽车性能造成影响

①气阻现象。使用中、低甲醇含量混合燃料（M15~M30）的汽车出现发动机熄火时，在油路中会产生较多的甲醇蒸气，形成气阻，从而造成汽车高温起动难的现象。

②供油系统。甲醇汽油添加剂具有清洁作用，会清洗旧车供油系统的杂质，造成燃

油滤清器和喷油器的阻塞。但这种现象只是在汽油汽车初次使用甲醇燃料时会出现，经过简单维修即可解决。

③ 腐蚀现象。某些橡胶件、塑料件受甲醇侵蚀后会发生溶胀变形或脆裂的现象。目前的解决办法是燃油供应系统的部件采用聚乙烯、聚合树脂、氯丁橡胶和氟化橡胶等耐腐蚀、耐溶胀材料。

④ 金属元器件早期磨损问题。甲醇和燃烧产物会腐蚀排气门座、进排气门、气门导管、活塞环和缸套等。解决的办法一方面是要改变机件的材质和热处理工艺，另一方面是使用甲醇发动机专用润滑油。

受原料成本和国际市场等影响甲醇价格不稳定。甲醇燃料/汽油的替代比为1.8~2.0，当甲醇价格相当于汽油的50%~55%时，甲醇燃料的成本与汽油持平。我国甲醇生产能力和市场容量较小，没有甲醇燃料专业生产企业，也没有甲醇燃料的标准；用化工甲醇充当甲醇燃料，成本高，使用不合理；甲醇价格随国际市场和化学品价格波动大，和油品缺乏对应关系。

我国进行的各甲醇燃料汽车试验研究表明，甲醇汽车的常规排放比汽油车少，可以满足相应的排放标准。但对甲醇燃料汽车非常规排放物的控制，我国还需要进一步研究试验，取得详细的研究数据，改善甲醇的排放。

7.2.4 乙醇燃料汽车推广存在的问题

通过对部分国产车燃用乙醇汽油进行行车试验、相关试验和拆解分析，没发现严重影响汽车性能的问题，但部分零部件出现了不同程度的溶胀和腐蚀现象，可能对车辆性能构成潜在影响。

① 存水会使车用乙醇汽油出现相分离现象。

② 变性燃料乙醇的掺入可对紫铜等金属材料制成的零部件产生腐蚀，加入适量腐蚀抑制剂可以改善车用乙醇汽油的腐蚀性能。

③ 通过车用乙醇汽油对国产橡胶件相溶性影响，发现车用乙醇汽油对某些材料橡胶件的扯断强度和硬度产生明显降低作用。

制取乙醇技术尚待完善，制取乙醇成本尚待降低。中国的燃料乙醇技术刚刚开始，有关废渣的处理还没有成熟的工艺。原有的粮食酒精厂大部分因为废渣量较小，很多作为饲料或其他副产品，但对于燃料乙醇企业，由于废渣量较大，这方面还没有较经济可行的处理办法。

国家规定乙醇汽油必须与同标号的普通汽油"同升同价"，但是由于乙醇汽油生产成本偏高，加上销售环节几次降价让利后，加油站处于微利状态，因此，售价高于成本，国家不得不拿出大笔资金对厂家进行补贴。如何把乙醇的生产成本降下来，以增强乙醇汽油的市场竞争力，是不得不尽快解决的现实问题。

7.3 太阳能汽车和压缩空气动力汽车

7.3.1 太阳能汽车

太阳能汽车,顾名思义就是靠太阳能驱动的汽车(如图 7-3-1 所示),这是与传统热机驱动的汽车最大的不同点。其实太阳能汽车从某种意义上来讲,也是电动汽车,不同点在于电动车的动力电池是靠工业电网充电的,太阳能汽车用的则是太阳能电池,而太阳能电池的作用就是将太阳能转化为电能。

这个定义其实包含两种太阳能汽车的类型。一种是以装在车身表面的太阳能电池所得的电能为驱动能源的车辆;另一种是通过装在车身外部的太阳能电池得到的电源给车载动力电池充电,再利用动力电池上的电源作为驱动新能源的汽车。

目前来看,第一种太阳能汽车一般为分比赛用太阳能汽车和实用型太阳能汽车,而占设置研发绝大比例的是比赛用太阳能汽车。由于经济和技术的限制,单纯采用太阳能电池的实用型太阳能汽车还是很少见,人类要走的路还很长。

图 7-3-1 太阳能汽车

1. 太阳能汽车工作原理

太阳能电池板用于收集太阳光和其他形式的光,并在内部建立起电场以产生电流。太阳能电池板根据行驶条件,将电流传送到蓄电池,并储存起来,也可以直接输送到电机控制器,或是根据行驶工况,与蓄电池联合为电机提供电流。太阳能汽车在晴天行驶时,初始运行阶段,阳光转化的电能直接传送到电机控制系统。

随着行驶时间的增加，来自太阳能电池板的能量将超过电机控制系统的承受范围。这种情况下，电能一部分提供给电机，另一部分被蓄电池储存起来。阴天或是雨天，太阳能电池板不能为电机提供足够电能时，蓄电池储存的电能将被利用起来使太阳能汽车仍能正常行驶。太阳能汽车停驶时，太阳能电池板产生的能量会被蓄电池储存起来。在加速行驶或减速停车时，通过对直流电机的电流控制，使其以发电机模式工作，并用蓄电池存储电能。太阳能汽车通常装有太阳能峰值功率跟踪装置，用于控制所用的能量，使能量分配更加合理。

2. 太阳能汽车优势

太阳能汽车作为一种真正绿色能源汽车，相对于传统汽车而言有着其特有的使用优势。太阳能汽车以光电代油，可以节约有限的石油资源。白天，太阳能电池把光能转换为电能自动储存在动力电池中，在晚间还可以利用低谷电（220 V）充电。

① 太阳能汽车耗能少，只需采用 34 m^2 的太阳能电池组件便可行驶。

② 易于驾驶。太阳能汽车无须电子点火，只需踩下加速踏板便可起动，利用控制器使车速变化。

③ 太阳能汽车结构简单，除了定期更换蓄电池以外，基本不需要日常保养，省去了传统燃油汽车必须经常更换机油和冷却液的烦恼。

④ 太阳能电动车没有内燃机、离合器、变速箱、传动轴、散热器、排气管等零部件，结构简单，制造难度降低。

3. 作为汽车的驱动能源

太阳能汽车与传统汽车不论在外观上还是运行原理上都有很大的不同。它没有内燃机、底盘、驱动、变速器等构件，而是由电池板、储电器和电动机组成，利用贴在车体外表的光伏电池板，将太阳能直接转换成电能，再通过电能的消耗，驱动汽车行驶。目前，此类太阳能汽车的时速最高能达到 100 km。

由于太阳能辐射强度较弱、光伏电池板造价昂贵，加之蓄电池容量和天气变化等，如果完全靠太阳能驱动，汽车的实用性会受到限制，由此就出现了一种采用太阳能和其他能源复合的混合动力汽车。

4. 作为汽车的辅助能源

传统轿车功率一般在几十 kW 左右，而太阳辐射功率至多 1 kW/m^2。因此完全用太阳能驱动轿车，需要几十平方米的接收面积，显然难以实现。但用太阳能作为辅助动力，可减少汽车常规燃料的消耗，可用作汽车蓄电池的辅助充电能源以及用于驱动风扇和空调等系统。

太阳能汽车上装有密密麻麻的蜂窝状的装置——太阳能电池板。主要有两种类型的光电池板：硅电池和砷化合物电池。最常用的是硅太阳能电池。一般太阳能汽车通常使用陆地级硅电池板。许多独立的硅片（近 1 000 个）组合形成太阳能阵列。这些阵列的通常工作电压在 50~200 V，并能提供 1 000 W 的电力。其能量大小受光强、云层覆盖度和温度高低的影响而变化。

5. 太阳能汽车的"心脏"

太阳能汽车的"心脏"就是电力存储系统，它由蓄电池组和电能组组成。蓄电池组相当于普通汽车的油箱。一辆太阳能汽车使用蓄电池组来储存电，以便在必要时使用，太阳能汽车起动装置控制着蓄电池组，但是当太阳能汽车起动后，则是通过太阳能阵列提供能量，再充到蓄电池组内。由于技术原因，蓄电池的存储能量是有限的。太阳能汽车的蓄电池有不同类型：铅酸蓄电池、镍镉蓄电池、锂电池、锂聚合物电池等，它们的存储能量是不同的。太阳能汽车行驶时，被转换的太阳能被直接送到"发动机（即直流无刷电动机）"控制系统，大于"发动机"需求的电力会被蓄电池储存以备后用。当太阳能阵列不能提供足够的能量来驱动"发动机"时，这时蓄电池内储存的备用能量会自动补充。可见，太阳能电池的关键在于太阳能转换效率。

6. 太阳能汽车的轻量化

受制于光能效转换的问题，太阳能汽车必须实现轻量化和低风阻，同时为高效利用太阳能，在造型上有时需具备可伸缩、折叠翼（即活动太阳能电池板），因此复合材料在太阳能汽车中得到了广泛的应用。复合材料由如"三明治"夹层状的结构材料构成，是相当于钢强度的轻质材料，如碳纤维和玻璃纤维等，其间的蜂窝状和泡沫塑料是常用的合成填充材料。

7. 太阳能汽车的发展动态

太阳能汽车和传统汽车不同。太阳能汽车没有发动机、底盘、驱动、变速器等构件，而是由电池板、储电器和电动机组成的，车的行驶只要控制流入电机的电流就可以解决。全车主要有三个技术环节：一是将太阳光转化为电能，二是将电能储存起来，三是将电能最大限度地发挥到动力上。太阳能汽车由于零污染、能源用之不竭，代表了汽车发展的新水平，因此被人们称为"未来汽车"。但太阳能汽车因造价昂贵、动力受太阳照射时间的限制以及承载能力差等特点而无法普及。而且从全生命周期总能耗看，光伏产品是一种在生产过程中耗能而在使用过程中产能的能源产品（其产能远大于耗能）；多晶硅生产环节存在着污染问题。

7.3.2　压缩空气动力汽车

空气动力车，全称压缩空气动力汽车，是一种使用高压压缩空气为动力源，空气为介质，运行时将高压压缩空气存储的空气能转化为其他形式的能量驱动的汽车，空气动力车的研究最早始于法国。1991年，法国工程师Gury Negre获得了压缩空气动力发动机的专利，其工作原理是利用车上储存的高压压缩空气驱动发动机缸体内的活塞运动进而驱动汽车前进，这是最接近真正意义上的空气动力车。

早在19世纪，法国著名科幻小说家儒勒·凡尔纳就曾描绘过这样一幅图景——满街跑着用空气作动力的汽车。2002年在巴黎举行的国际汽车展上，展出了一种不用燃油而使用高压空气推动发动机的小型汽车"城市之猫"，发明者为居伊·内格尔（Guy Negre）。

近年来，一种名为"进化"的空气动力汽车即将问世。该车行驶200 km仅需要0.3美元。它的引擎采用压缩技术，把空气压缩后储存在一个汽缸内。引擎接上电源充气4小时就可以以80 km的平均时速行走10小时。

1. 工作原理

使用高压压缩空气作为动力源，空气作为介质，汽车运行时将压缩空气存储的压力能转化为其他形式的机械能（汽车动能），以液态空气和液氮等吸热膨胀做功为动力的其他气体动力汽车也应属于压缩空气动力汽车的范畴。压缩空气动力汽车工作原理与传统汽车最大差别在于汽车动力来源的不同，其发动机的总体结构形式还是可以借鉴传统汽车现有的结构模式，主要还是往复活塞式、旋转活塞式等形式。

压缩空气动力发动机的结构也可以有往复活塞式、旋转活塞式和气马达型等多种结构形式，目前只有往复活塞式结构的报道。

压缩空气动力发动机的动力分配方式有串联方式、并联方式和串、并联混合方式。以往复活塞式结构为例，串联方式缸与缸间的空气动力是串接的，上一缸的剩余压力是下一缸的始动力。该方式的下级作用缸的结构尺寸较大，但动力利用率较高，热交换较充分。并联方式缸与缸之间的空气动力是并接的，不同缸的初始动力相同。并联方式的缸的结构尺寸相同，动力输出平稳，但剩余压力稍高。

2. 压缩空气动力汽车特点

压缩空气动力汽车无燃料燃烧，排放的是无污染、无热辐射的空气，是真正的"绿色"概念汽车。其能量的传递快捷、储存容易，介质来源方便、清洁，所需的电力容易获取；充气设备和社会基础建设费用不高，较容易建造。

与传统汽车相比，其发动机工作时无燃料燃烧过程，所以发动机对材料要求低，结构简单、尺寸小、质量轻、造价低，设计和制造容易。整车使用维护和生产费用低，且可利用现有气动技术、汽车设计和制造技术，研制和开发周期短。

对环境污染要求特别严格的城市中心、重点旅游区、自然保护区，以及对噪声要求高或室内使用的中小型工具、运输工具、军用潜艇等场合，压缩空气动力发动机具有很大的市场潜力和广泛的应用前景。

3. 压缩空气动力汽车与燃料电池电动汽车特性比较

压缩空气动力汽车与燃料电池电动汽车特性比较如表 7-3-1 所示。

表 7-3-1　压缩空气动力汽车与燃料电池电动汽车特性比较

特性	燃料电池电动汽车	压缩空气动力汽车
能量转换方式	化学能→电能→机械能	电能 → 压缩能 → 机械能
排放物	H_2O（$+CO_2$）	（低压）空气
能量转换率	高	较高
前期耗能过程	制氢、储氢	制备高压空气
控制程度	简单	较简单
制造成本	高	低
维护成本	高	低
使用成本	注氢、储氢成本高	充气方便、成本低
噪声	小	小
热辐射	较大	无
起动特性	较好	较好
寿命	较长	短
充气时间	较长	短
动力能量密度	大	较大
能量存储安全性	较差	较好

第 8 章
新能源汽车智能网联系统

【学习目标】

1. 认识什么是新能源汽车智能网联系统
2. 掌握网联系统在汽车上的应用
3. 了解网联系统的作用

【导语】

　　汽车电子技术的突飞猛进，成为近几十年来汽车技术进步的最大亮点。随着大数据、云计算时代的到来，汽车的移动性将与搭载在汽车产品上的 IT 技术及互联网、车联网进行深度的融合，这不仅带来了更富有乐趣的驾控表现和更可靠的安全保障，同时也带来了更简洁的操作模式和更轻松的驾乘环境。

　　通过本章的学习，认识什么是新能源汽车智能网联系统，掌联系统在汽车上的应用及了解网联系统的作用。

车联网（Internet of Vehicle，IOV）是以车内网、车际网和车载移动互联网为基础，按照约定的体系架构及其通信协议和数据交互标准，实现 V2X（V 代表汽车，X 代表车、路、行人及应用平台等）无线通信和信息交换，以实现智能化交通管理，智能动态信息服务和车辆智能化控制的一体化网络，是物联网技术在智能交通系统领域的延伸。2009 年 9 月，在深圳全国第四届 GPS 运营商大会上首次提出车联网概念。2016 年 6 月，"直达 2030 车联网—网联城市智能交通"论坛在世博会举行。2011 年 1 月，车联网列入我国重大专项。

2011 年 3 月，大唐电信与启明信携手开发以中国自主知识产权为核心的汽车电子产品，标志着车联网逐步进入实际应用阶段。2011 年 4 月，以福田汽车为主的整车企业，联合我国北斗卫星位置服务供应商、3G 无线通信供应商等，成立中国首个汽车物联网联盟。

车联网可分为车内网和车外网两部分。车内网：通过应用成熟的总线技术建立一个标准化的整车网络，实现车载电器间控制信号及状态信息在整车网络上的传递，实现车载电机的控制、状态监控以及故障诊断等。车外网：无线通信技术把车载终端与外部网络连接起来，实现车辆间、车辆和固定基站之间的信息交换。车联网需要将多种先进技术有机地运用于整个交通运输管理体系中，从而建立一种实时的、准确的、高效的交通运输管理和控制系统。

8.1 网联系统在汽车上的应用

20 世纪 90 年代，互联网作为信息革命的颠覆性技术，迅速普及于大众市场和消费领域，极大地满足用户对信息和通信的需求。到 21 世纪，互联网进入工业等相关产业。2005 年 11 月，国际电信联盟（ITU）发布《ITU 互联网报告 2005：物联网》。物联网就是物物相联的互联网，它将用户终端延伸和扩展到任何物品（设备终端）与物品（设备终端）之间，进行信息交换和通信。

车联网是物联网在汽车与交通中的应用，是车与人、车与车、车与路、车与云（平台）之间进行数据和信息交换的信息通信网络。互联网、移动通信和物联网技术的发展驱动了车联网的发展和汽车的网联化。车联网有两种形态：基于蜂窝移动通信的车云网和基于 V2X 协同通信的车际网。

基于蜂窝移动通信的车云网主要用于车辆与车联网服务平台、交通运输管理云平台、地图云平台、自动驾驶算法训练云平台的数据传输和业务应用。蜂窝移动通信从 2G 发展到 5G，其传输速率不断提高。20 世纪 90 年代出现的 2G 传输速率很低，约为 115 kb/s，

21 世纪初出现的 3G 传输速率是 2G 的 10 倍。4G 传输速率最高达到 100 Mb/s，是 3G 的 50 倍。于 2020 年部署的 5G 最高传输速率约为 4G 的 200 倍，达 20 Gb/s，可用于海量的车辆环境感知数据传输。

V2X 协同通信用于车与人、车与车、车与路之间的数据传输。车际网的 V2X 协同通信主要有两种技术：专用短距离通信（Dedicated Short Range Communication，DSRC）和蜂窝 -V2X（C-V2X）协同通信。2010 年，IEEE 工作组完成专用短距离通信的标准化工作，包括 IEEE802.11p 底层的标准和 IEEE1609 上层的标准。C-V2X 协同通信包括 4G 的 LTEV2X 和 5GV2X，3GPP 于 2017 年 3 月完成 LTEV2X 标准的制定，并于 2019 年年底完成 5GV2X 标准的制定。

1997 年，通用汽车公司率先在其品牌汽车上安装车载终端，实现汽车与车联网服务平台的连接，并陆续开通车联网车载信息服务，如汽车导航、全音控免提电话、道路援助、自动撞车报警和远程车辆诊断等。

2008 年 1 月，宝马和 Wireless Car 等公司联合开发了下一代车载信息服务模式（NGTP）。NGTP 可用于构建包括内容提供商、信息集成商、信息服务提供商、网络运营商、整车厂和车载终端厂商在内的车载信息服务生态环境，其驱动力是提供更灵活的车载信息服务并降低其运营成本。

2011 年开始，车载信息服务出现了所谓的投影模式，如车厂主导的 Mirror Link 模式、苹果的 Car Play 模式、谷歌的 Android Auto 模式。通过投影模式，可将智能手机的移动互联网应用投影到车载信息服务终端的屏幕上，实现音乐播放器、导航和语音通信等信息服务，其主要的驱动力是：为用户提供丰富的车载信息服务，满足其舒适性需求，提供与智能手机一样的操作体验。

2006 年 12 月到 2009 年 12 月，在美国交通部公路交通安全管理局（National Highway Traffic Safety Administration，NHTSA）与研究和技术创新管理局（RITA）的组织下，开展基于 V2X 协同通信的网联协同交通安全应用研究。在车与人、车与车、车与路、车与云（平台）之间，进行行人位置、车辆数据（车辆位置、速度、加速度与方向等）、交通运行数据和出行数据等数据交换，通过分析检测出潜在的碰撞，以预警的方式提醒或辅助驾驶员操作，降低车辆碰撞概率，或让车速与交通流量适配以降低能耗，优化全局交通流量，为道路交通带来安全、环保和高效率等公共价值，满足用户安全驾驶、节约能耗与降低使用成本的需求。

2014 年 2 月，美国 NHTSA 宣布其在密歇根州 Ann Arbor 进行的 V2V 安全应用现场试验结果，V2V 技术将能让车辆进行诸如车辆位置和速度数据信息的通信，可以在潜在的多车碰撞事故发生前向司机提供预警，显著提高道路交通安全。

2008 年，欧盟颁布欧洲智能交通的行动计划，随后于 2009 年 10 月委托欧洲标准委员会（CEN）和欧洲电信标准化协会（ETSI）等制定欧洲的网联驾驶，即协作式智能交通标准（C-ITS）。2014年2月，该标准的第一版制定完成。

2014年7月16日，欧洲车厂发起的Drive C2X项目组织在柏林宣布完成其负责的历时三年半的车路协同运行试验。

2017年1月12日，美国NHTSA完成并公布了立法提案并对外征求意见。该提案计划要求车厂于2021年完成基于DSRC V2V协同通信单元的开发，于2023年完成V2V通信单元与汽车总线和电子控制系统的集成。

汽车的网联化让汽车成为一个联网的可行走的智能终端，实现车载信息服务、车辆数据信息服务、网联协同驾驶和网联自动驾驶等车联网业务和应用，推动传统汽车与交通相关产业的变革和新兴服务业态的出现。

传统汽车和交通相关的行业，如：汽车和汽车零部件制造业、道路救援、医疗救援、保险公司、汽车维修和汽车服务等服务行业的业务模式、产业生态和商业模式，将因为汽车的联网而发生变革。车厂和汽车零部件制造业将与信息通信制造业合作，将通信模块、集成电路、操作系统和应用软件等集成到车载终端。车联网业务应用将产生很多新兴的服务行业：车载信息服务提供商、内容提供商、道路气象服务提供商、停车服务提供商、商业运输服务提供商、汽车导航地图服务提供商、交通管理运营商、公路管理运营商、车联网运营商和应急管理中心等。

8.2 网联系统作用

车联网网络体系架构如图 8-2-1 所示。它可以分成三个层次：一层是行人与车辆，二层是路侧设备，三层是云平台。

一层行人和车辆是感知数据的主要来源，包括：汽车电子系统、卫星定位系统和惯性导航系统感知的车辆数据，车载传感设备感知的车辆环境数据（道路基础设施与道路目标物）、交通运行数据（交通管理与交通运行情况）和人工智能路情数据，行人智能终端感知的行人位置数据，由驾乘人员或行人提供的运输出行数据。

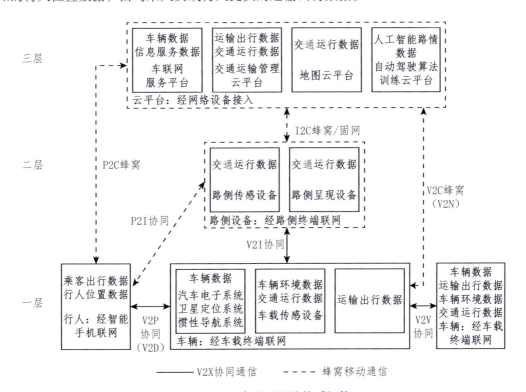

图 8-2-1　车联网网络体系架构

二层路侧设备一般部署在路侧，包括路侧呈现设备与路侧传感设备。对于特别的交通情况，路侧设备也可以是移动设备或手持设备。路侧设备是一层与三层之间的中间层，起到承上启下的作用。路侧传感设备也可用于感知交通运行数据。

三层云平台的作用是收集、存储、处理、共享与发布车辆与交通数据信息。云平台包括：车联网服务平台（包括车载信息服务平台和车辆大数据信息服务平台）、交通运输管理云平台、地图云平台和自动驾驶算法训练云平台。

为了确保数据和信息交换，车、路、行人和云平台需要有通信终端设备。行人的通信终端是个人的智能手机，平台的通信设备是平台的网络接入设备，汽车使用车载终端，路侧设备使用路侧终端。

车联网有两种基本的通信方式：V2X 协同通信和蜂窝移动通信。

V2X 协同通信是车辆与车辆、行人和路侧设备之间进行数据和信息交换的通信方式。V2X 协同通信有 4 种应用场景：车车（Vehicle-to-Vehicle，V2V）、车路（Vehicle-to-Infrastructure，V2I）、车人（Vehicle-to-Pedestrian，V2P）和人路（Pedestrian-to-Infrastructure，P2I）协同通信。

蜂窝移动通信是云平台与车辆和路侧设备进行数据和信息传输的通信方式，蜂窝移动通信有三种应用场景。一是车云通信（Vehicle-to-Cloud，V2C）或叫车网通信（Vehicle-to-Network，V2N）；二是路云通信（Infrastructure-to-Cloud，I2C），路云通信除了蜂窝移动通信，也可以用互联网等其他固定网络通信实现；三是人云通信（Pedestrian-to-Cloud，P2C），它是智能手机与平台的通信。

第 9 章 新能源汽车的商业模式及服务体系

【学习目标】

1. 了解我国新能源汽车的商业模式及服务体系的发展
2. 了解各种电动汽车的发展前景

【导语】

随着汽车产业的发展和成熟化,我国电动汽车关键零部件发展现状和差距,完善技术标准,统一规范体系,鼓励新能源汽车消费,出台补助政策等一系列问题出现在人们的面前。

通过本章的学习,了解我国新能源汽车的商业模式及服务体系的发展,了解各种电动汽车的发展前景。

9.1　我国新能源汽车商业模式

1. 发展新能源汽车的意义

新能源汽车可使我国实现从汽车大国到汽车强国的转变。因为世界上最先进的汽车生产国和我国在新能源汽车上的技术差距不过只有3~5年，不像传统汽车技术存在几十年的差距，这让我国能紧跟现代化汽车产业的发展。由于我国经济还处在健康高速发展的阶段，汽车产业还处在发展和壮大过程中，所以说在新能源汽车的产业化和商业化方面，与汽车生产强国相比，我们还有一定的市场优势。

新能源汽车对缓解我国目前十分严峻的环境压力，减少空气污染，有着不可替代的作用。现在中国的空气污染已经达到了让我们必须解决的地步，雾霾天气已经严重影响到了人们的生产和生活，而汽车使用过程中产生的尾气是雾霾产生的原因之一。人们既需要现代化的汽车，同时也需要清洁的空气。为了解决这种冲突，节能、环保的新能源汽车产业就是我们必须要走的产业升级之路。

2. 我国电动汽车关键零部件发展现状和差距

我国在动力电池方面取得的主要进展包括两方面。一是材料方面，我国动力电池主要原材料资源丰富，产业化发展有保障。锂离子电池负极材料已实现国产化，产品性能处于国际先进水平。镍氢电池已实现国产化，产品销量居世界前列。二是动力电池及其成组技术方面，锂离子电池已形成产品系列，安全性能指标取得明显进步，能支持样车和示范车型。镍氢电池已形成产品系列，产品性能已有明显提高，部分可与量产车型配套。

我国车用驱动电动机系统的研发得到了政府的高度重视和大力支持。进入"十一五"以后，国家和企业投入进一步加大，车用电动机系统产品不断增多，技术水平大幅提高。目前，我国车用驱动电动机主要有交流异步电动机、开关磁阻电动机、无刷直流电动机、永磁同步电动机等。各企业已基本具备自主研发能力，各类型电动机系统可实现整车小批量配套。

3. 我国新能源汽车存在的问题

我国新能源汽车研究起步较早，但政府投入长期不足，企业投入更少，新能源汽车长期处于试验阶段。近年来虽加大投入，有了很大发展，但与国际先进水平相比仍有一定的差距，主要表现在以下几个方面。

① 我国纯电动汽车发展存在的主要问题以及与国外的差距。整车产品在续驶里程、可靠性和工程化上仍落后于国外先进产品；电池的比能量、安全性、可靠性、使用寿命等

方面，还不能满足整车要求；电动机、电池所需部分部件、材料需进口，同时在控制器基础硬件、芯片、高速 CAN 网关和信号处理放大部件等方面也要依赖进口；电动附件还没有成熟的产品可用，成本高，而且也依赖进口。

② 我国混合动力汽车发展存在的主要问题以及与国外的差距。整车总体尚处于样车阶段，未经过多轮验证研究，未达到系统优化和批量生产要求；零部件产业链未形成，关键原材料和电力电子元器件依赖进口；整车和零部件工程化不足，产品尚处于产业化初期，成本较高。

③ 我国燃料电池汽车发展存在的主要问题以及与国外的差距。在核心技术上，如燃料电池堆和发动机系统的技术水平与国外存在较大差距（明显落后于本田、丰田、巴拉德、通用），技术研发进展较为缓慢；示范考核运行规模较小，储氢和氢能源基础设施等问题尚未解决；产品的可靠性和成本离实用化还有相当大的差距。

④ 新能源汽车关键技术方面存在的问题。一是在电池材料方面，磷酸铁锂材料批次稳定性差，导电性存在差异。国产动力电池隔膜产业化尚待时日。储氢材料和氢氧化镍无法完全满足动力电池要求，需要后处理。二是在电池及其成组技术方面，磷酸铁锂电池成品率低，成本高。动力电池产品一致性不好。电池和材料的生产设备厂家研发制造能力薄弱。电池管理系统功能简单，性能较差，产品可靠性差。

在车用驱动电动机技术上部分材料、部件研发能力弱，关键元器件依赖进口，产品性能与国外仍有差距，主要问题包括：一是电动机原材料、部件研发能力较弱，其中硅钢片性能与国外存在差距，电磁线绝缘性能与国外差距较大，生产能力弱，电动机高速轴承依赖进口，快速接插件依赖进口；二是传感器、IGBT 功率模块、集成芯片以及汽车专用接插件、高压继电器等控制器核心部件主要依赖进口，成本较高，影响我国电动汽车产业化推进。目前，电动机控制器的体积、重量相对偏大，制造工艺水平落后，产品可靠性、一致性差，产品电磁兼容水平有待提高，产业化规模较小，成本较高，驱动电动机系统标准有待完善。

4. 加强政府引导，完善政策扶持

发展新能源汽车是我国一项长期性、可持续性的产业战略，需要政府各部门加强配套服务体系建设，营造良好的有利于新能源汽车发展的内外部环境。

① 要充分发挥政府的引导作用。通过引导新能源汽车企业上市的方式，拓宽融资渠道，吸纳民间资本，从而推动其产业化进程。还要进一步完善新能源汽车配套基础设施建设，创造有利于新能源汽车发展和推广应用的商业化氛围。

② 继续出台相关优惠政策。对新能源汽车产业的主导产业和关联产业建设项目，可以免收基本建设方面的地方性行政税费；对于新引进的新能源汽车产业龙头企业，可以通过贷款贴息、科技投入等方式全面支持企业加快发展壮大。

5. 加大创新力度，构建完整产业链

目前，我国研发的混合动力汽车在速度和可靠性等方面的性能尚不及传统汽车，纯电动汽车和燃料电池汽车还只能短程行驶，汽车企业应进一步加大自主研发力度，努力掌握核心技术。

① 加强对新能源汽车产业技术创新的投入，尽快将新能源汽车的关键技术攻关项目列入政府科技发展重点计划。从新能源汽车领域的专利分析结果来看，国内现有专利中发明专利所占比例并不高，虽然国内有关新能源领域的专利数量增长较快，但国际专利的申请量和授权量都很低；整车企业申请专利较多，零部件企业申请专利较少。这些都说明新能源汽车产业还需要进一步加大技术创新投入，全面提高知识产权创造和运用的能力。

② 加快构建新能源汽车产业链，促进产学研联盟。加快建设新能源汽车产业基地，培育一批龙头企业，促进企业联盟和产业链整体化服务建设。要依托科研院所和高校的研发力量，鼓励形成产学研联盟，使科研成果尽早转化为生产力。目前国内已经有省份初步建成了新能源汽车产业创新联盟体。

③ 企业在研发过程中也要重视对传统汽车技术的改造。虽然我国在汽车发动机技术上明显落后于发达国家，但发动机技术正是新能源汽车的关键突破口，国内企业应选择好新能源汽车技术的创新角度，力争在某些领域取得好的进展，争创国内领先的技术地位。

6. 完善技术标准，统一规范体系

虽然我国有关新能源汽车的标准体系已经初具框架，但对于新能源汽车的动力方面尚未制定和完善具体的技术标准。要尽快建立各类型新能源汽车及其相关基础设施的产业技术标准，开展产品的标准化工作，为大规模的推广和应用提供有效的技术与产品支撑，同时要对新能源汽车的技术性、环保性、节能性和安全性做好等级认证工作，给相关的生产企业提供一个可遵循的操作规范，这对产业链的完整构建也能起到一定的促进作用。

7. 鼓励新能源汽车消费，出台补助政策

新能源汽车发展初期，由于各方面成本较高致使整车价格高于传统汽车。目前我国新能源汽车主要还是在公共交通领域和出租车行业上推广使用，何时能够进入普通百姓家还是一个十分艰难的问题。各省应按照国家发改委《关于开展私人购买新能源汽车补贴试点的通知》精神，制定鼓励新能源汽车消费的政策。通过政府补贴、减免购置税和消费税等多种方式，鼓励普通消费者购买、使用新能源汽车。此外，还要加强民众的节能环保意识，坚持贯彻节能减排精神，逐步转变消费者的消费理念，提倡购买新能源汽车，限制大排量和超标排量汽车的生产和消费使用。随着人们环保意识的增强以及政府补贴标准的出台，新能源汽车的价格将更接近于普通消费者可以接受的范围，其销售量也会大幅度提高。

9.2 各种电动汽车的发展前景分析

决定电动汽车普及速度的主要因素有技术成熟度、使用的便利性和经济性等。电动汽车必须在以上三方面具有与燃油汽车相当的竞争力，才可能实现大规模的推广应用。国家出台私人购买电动汽车的补贴政策以后，电动汽车与燃油汽车的竞争力对比发生了显著变化。下面仅就普通混合动力汽车、插电式混合动力汽车、纯电动汽车、燃料电池电动汽车四种车型的推广普及前景进行分析。

1. 普通混合动力汽车

（1）技术成熟度

在目前的新能源汽车研究领域中，普通混合动力汽车技术最为成熟并已成功实现了商业化。虽然从长远看混合动力汽车（如图 9-1-1 所示），只是新能源汽车发展过程中的一种过渡产品，但近几年普通混合动力汽车在日本和美国市场销售良好。日本的汽车商主要致力于开发混合动力汽车和燃料电池汽车，其中丰田公司的 Prius、本田公司 Insight 两款混合动力汽车已率先实现产业化。但是，从产品生产制造和使用的全生命周期看，Prius 的节能环保效果并不明显，且仍然依赖石油。

图 9-1-1　混合动力汽车

（2）使用的便利性

普通混合动力汽车是利用回收汽车发动机在制动、怠速时的能量来给蓄电池充电，汽车不需要也不能外接充电。因此普通混合动力车使用起来像燃油汽车一样方便，而且汽车驾驶性能也与燃油汽车相差不大。由于不需要充电，因此普通混合动力车的便利性在新能源车中是最好的。

(3)经济性

目前国内市场销售的新能源汽车主要是混合动力车,比如丰田 Prius、思域 Hybrid,由于销售价格过高,销量一直很低。

比如丰田 Prius 装载了 1.5 L 发动机,价格高达 28 万～30 万元人民币,几乎是同级别燃油汽车的两倍。即使汽车油耗低到 5 L/100 km,这样的价格也很难让消费者接受。2010 年 6 月出台的补贴政策,对普通混合动力车的补贴标准仅仅是 3 000 元/辆,远远低于插电式混合动力车和纯电动汽车的补贴标准,对提高普通混合动力车的经济性几乎没有帮助,这一政策对致力于发展混合动力车的汽车厂商是一个沉重打击。由于混合动力汽车安装了蓄电池,而且有两个动力系统,生产成本要高于同级别的燃油汽车。而且混合动力汽车的核心技术掌握在外国厂商手里,汽车价格在短期内很难大幅下降,这将导致普通混合动力汽车的综合成本(包含购置和使用成本)要高于燃油汽车。在价格上的明显劣势会严重制约普通混合动力汽车的发展,部分汽车厂商可能会放弃成本较高的中混、强混混合动力车型的研发。

2. 插电式混合动力汽车

(1)技术成熟度

得益于近几年锂电池和铁电池在容量和安全性等方面的技术突破,插电式混合动力汽车和纯电动汽车技术发展迅速。特别是插电式混合动力汽车(如图 9-1-2 所示),在纯电动模式下的续驶里程已经能够满足大部分消费者日常驾车出行的需求,而小排量发动机可以在电池动力不足时发电和在高速行驶时提供补充动力,这就保证了在充电基础设施尚不完善的情况下使用者仍可行驶较长里程。比亚迪于 2008 年上市销售的 F3DM 就是一款比较有代表性的插电式混合动力汽车,该车可以通过按键在纯电动和混合动力两种模式之间切换。其搭载的铁电池在纯电动状态下续驶里程达到 100 km,总行驶里程超过 60 万 km,汽车使用寿命达到 10 年。在动力方面,比亚迪 F3DM 搭载功率为 50 kW/L 的全铝发动机,配合 75 kW 的电机,输出功率达到了 125 kW。在充电性能上,比亚迪双模电动汽车能够实现专业设备快充,10 分钟即可充满 50%,同时可以采用家庭普通插座充电,7 小时可完全充满。插电式混合动力车面临的技术问题与纯电动汽车类似,还需要在电池容量、寿命、成本方面进一步提高。此外,插电式混合动力车对发动机和变速箱控制、双动力源的优化的要求较高,技术上比纯电动汽车要复杂一些。单纯从技术角度来看,插电式混合动力车的技术已经比较成熟,但是目前国内只有几家领先企业掌握了插电式混合动力车的核心技术,其他大部分汽车生产企业还处于研发阶段,这是插电式混合动力车短期内大规模普及的制约因素。

(2)使用的便利性

与纯电动汽车类似,插电式混合动力车需要通过充电站或充电桩为蓄电池充电,对充电网络依赖性较大。正是为了解决充电设施建设滞后所带来的问题，插电式混合动力车安装了两个动力源，可以在电池动力不足时发电和在高速行驶时由发动机提供补充动力，避免了无法及时充电带来的麻烦。

综合来看，虽然插电式混合动力车使用的便利性不如燃油汽车，但优于纯电动汽车，基本达到了消费者可接受的范围。

（3）经济性

插电式混合动力汽车初始购置成本较高，但使用成本低，全生命周期的总成本已经降到低于燃油汽车的水平，而在达到规模生产后，购置成本还会大大降低。按照最新的补贴标准，插电式混合动力汽车相对于普通的汽油车，每百千米费用可节省将近一半。因此，由于国家政策的倾斜，目前插电式混合动力车的综合成本低于燃油车，在经济性上已经具有明显的优势。

综合考虑技术成熟度、使用的便利性和经济性三个因素，目前插入式混合动力车的商用前景最为明朗。尤其是在国家补贴政策的强力支持下，近期插入式混合动力车很可能成为增长速度最快的新能源汽车。

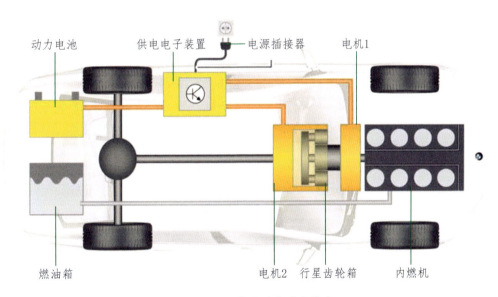

图 9-1-2　插电式混合动力汽车

3. 纯电动汽车

从技术角度看，实际上纯电动汽车的技术难度小于插电式混合动力汽车，目前国内即将上市的纯电动汽车的各项性能指标已经可以满足一般用户的需求，技术已经基本成熟。但是纯电动汽车还不能满足高端用户的需求，所以还需要进一步改进完善电池性能，在容量、寿命、充电时间方面不断取得新的技术突破。

（2）使用的便利性

纯电动汽车完全依靠外接充电设施为其提供能源，对配套充电设施的依赖性最大。在我国目前充电网络建设还不健全的情况下，用户充电很不方便。在现有电池充电技术下，充电时间较长也会让消费者感觉不方便。基础设施的缺乏使电动汽车往往陷入先有蛋还是先有鸡的争论之中。由于充电站建设之初很难盈利，所以，充电网络的建设和完善是一个漫长的过程。充电网络建设滞后影响了电动汽车使用的便利性，是目前制约纯电动汽车发展的最主要因素。

未来1~2年内，省会城市和示范试点城市的充电站建设会有所加快，但其他城市充电网络的建设还比较慢，特别是高速公路只有极少的充电站且分布不均，所以纯电动汽车可能会在低端市场和部分城市逐步开始推广应用，但大规模普及的前景还有待观望。

（3）经济性

据对纯电动汽车与燃油汽车经济性的有关研究，考虑电池购置成本和运营成本，当汽油6元/L时，只要电池使用寿命超过1 600个充放电循环，纯电动汽车的运营经济性即优于燃油汽车。这表明即使是在当前较低的燃油价格和较高的电池价格下，采用纯电动汽车运营经济型已经优于燃油汽车，已经具备推广应用的经济性。如果汽油价格上升或电池性能提高，纯电动汽车经济性的优势将更加显著。

总之，在示范试点城市，随着充电网络的建设完善，纯电动汽车的发展速度会比较快，尤其在低端市场纯电动车的份额会显著提高，纯电动汽车在公交、出租等特定的市场也有很大的发展空间。但由于充电因素的制约，在高端市场普及难度较大。

4. 燃料电池电动汽车

燃料电池是一种高效、环境友好的发电装置，它可以直接将储存在燃料与氧化剂中的化学能转化为电能。燃料电池的化学反应过程不会产生有害物质，因此燃料电池汽车是无污染汽车；燃料电池的能量转换效率比内燃机要高2~3倍，因此从能源的利用和环境保护方面看，燃料电池电动汽车（如图9-1-3所示）是一种理想的车辆。

目前，氢是燃料电池的唯一燃料。氢气的产生、储存、保管、运输和灌装或重整，都比较复杂，对安全性要求很高。虽然燃料电池电动汽车近些年来取得了很大进展，但从目前各大汽车公司推出的制造成本上百万美元的燃料电池概念车来看，目前，燃料电池的推广还需要解决以下问题。首先，续驶里程过短，由于氢气储存困难，即使用传统油箱三倍以上的体积储存氢气，也只能保证汽油动力汽车一半的续驶里程。其次，氢气的售价并不廉价，因此燃料电池汽车的运行成本并不令人乐观，加氢站等基础网络设施建设几乎为零。

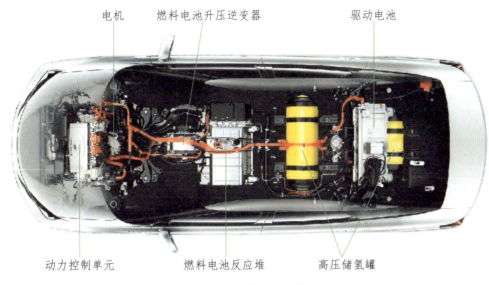

图 9-1-3　燃料电池汽车

汽车业界普遍认同的一个观点是，燃料电池技术是内燃机技术最好的替代物，代表了汽车未来的发展方向。但如果将发展燃料电池汽车的几个制约因素考虑进来，则会发现燃料电池汽车目前和今后一段时间尚不具备商业化的条件。最乐观的预测，以纯氢为燃料的燃料电池汽车的商业化生产还需 15 年以上的时间，即使在一定程度上实现了商业化，也会是以一种高成本的方式。我们将以上对四种电动汽车推广普及前景的分析汇总，得到如下几点结论。

① 普通混合动力汽车在目前的新能源汽车中技术最成熟并已成功实现了商业化。由于不需要充电，普通混合动力汽车的使用便利性在新能源车中是最好的。目前，普通混合动力汽车的综合成本要高于燃油汽车，在经济性方面的明显劣势会严重影响普通混合动力汽车的发展。

② 插电式混合动力汽车的技术已经比较成熟，但是目前国内只有几家领先企业掌握了插电式混合动力汽车的核心技术，其他大部分汽车生产企业还处于研发阶段。插电式混合动力汽车使用的便利性不如燃油汽车，但优于纯电动汽车，基本达到了消费者可接受的范围。由于国家政策的倾斜，目前插电式混合动力汽车的综合成本已经低于燃油车。在国家补贴政策的强力支持下，近期插入式混合动力汽车很可能成为增长速度最快的新能源汽车。

③ 纯电动汽车的技术难度小于插电式混合动力汽车。目前国内即将上市的纯电动汽车的各项性能指标已经可以满足一般用户的需求，技术已经基本成熟。在低端市场，纯电动汽车的经济性优势十分明显。充电网络建设滞后影响了纯电动汽车使用的便利性，是目前制约纯电动汽车发展的最主要因素。预计在示范试点城市，随着充电网络的建设完善，纯电动汽车的发展速度会比较快，尤其在低端市场纯电动汽车的份额会显著提高。但由于

充电因素的制约，在高端市场普及难度很大。

④燃料电池技术是内燃机技术最好的替代物，代表了汽车未来的发展方向。但燃料电池汽车目前和今后一段时间尚不具备商业化的条件。以纯氢为燃料的燃料电池汽车的商业化生产还需要若干年的时间。

参考文献

[1] 曾鑫，刘涛. 新能源汽车动力电池与驱动电机 [M]. 北京：人民交通出版社，2017.

[2] 马德粮. 新能源汽车技术 [M]. 北京：清华大学出版社，2017.

[3] 罗英，周梅芳. 新能源汽车概论 [M]. 北京：机械工业出版社，2017.

[4] 吕冬明，杨运来. 新能源汽车电机及控制系统检测 [M]. 北京：机械工业出版社，2018.

[5] 麻友良，严运兵. 新能源汽车电机及控制系统检测 [M]. 北京：机械工业出版社，2012.

[6] 尹向阳，陆海明. 新能源汽车概论 [M]. 北京：人民交通出版社，2018.

[7] 李凯，王健. 新能源汽车概论 [M]. 北京：北京交通大学出版社，2018.

[8] 严朝勇. 电动汽车电机控制与驱动技术 [M]. 北京：机械工业出版社，2017.

[9] [德] 康拉德·莱夫. BOSCH 传统动力传动和混合动力驱动系统 [M]. 北京：北京理工大学出版社，2017.

[10] 韩维建. 电动汽车前沿技术及应用 [M]. 北京：机械工业出版社，2019.

[11] 王芳，夏军. 电动汽车动力电池系统设计与制造技术 [M]. 北京：科学出版社，2017.

[12] 杨立平，朱迅. 新能源汽车概论 [M]. 北京：人民邮电出版社，2017.

[13] 缑庆伟，李卓. 新能源汽车原理与检修 [M]. 北京：机械工业出版社，2016.